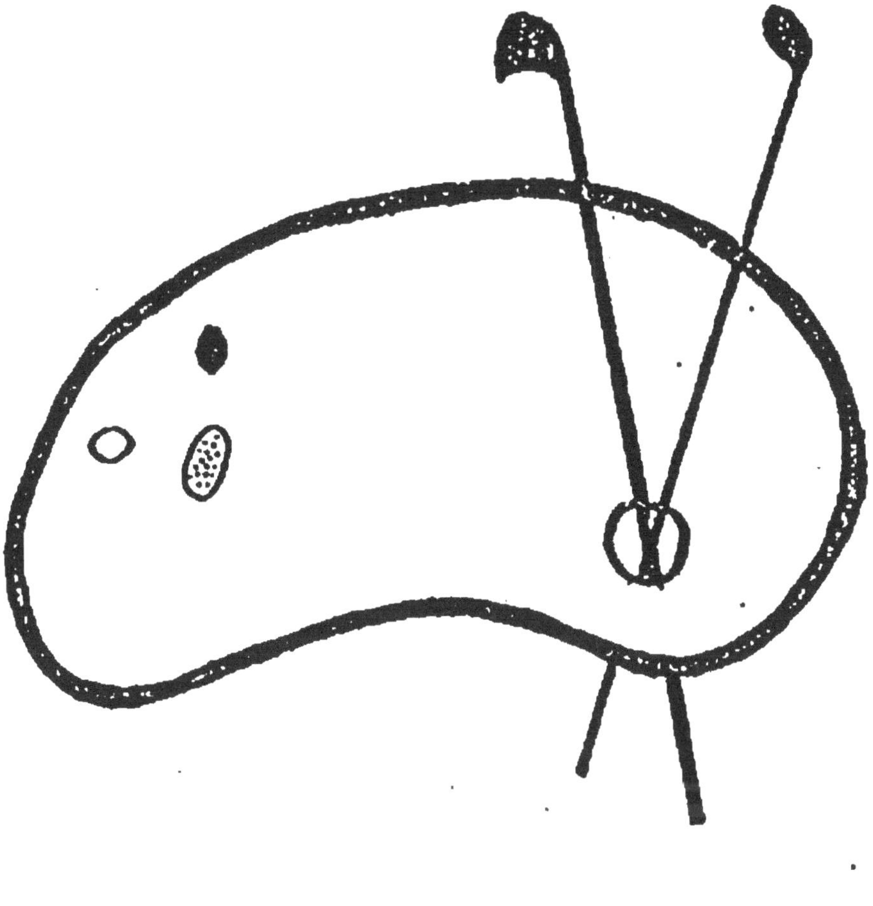

DEBUT D'UNE SERIE DE DOCUMENTS
EN COULEUR

CHARLES-MAURICE COUYBA
DÉPUTÉ

Classiques et Modernes

LA RÉFORME DE L'ENSEIGNEMENT SECONDAIRE

PARIS

ERNEST FLAMMARION, ÉDITEUR

26, RUE RACINE, PRÈS L'ODÉON

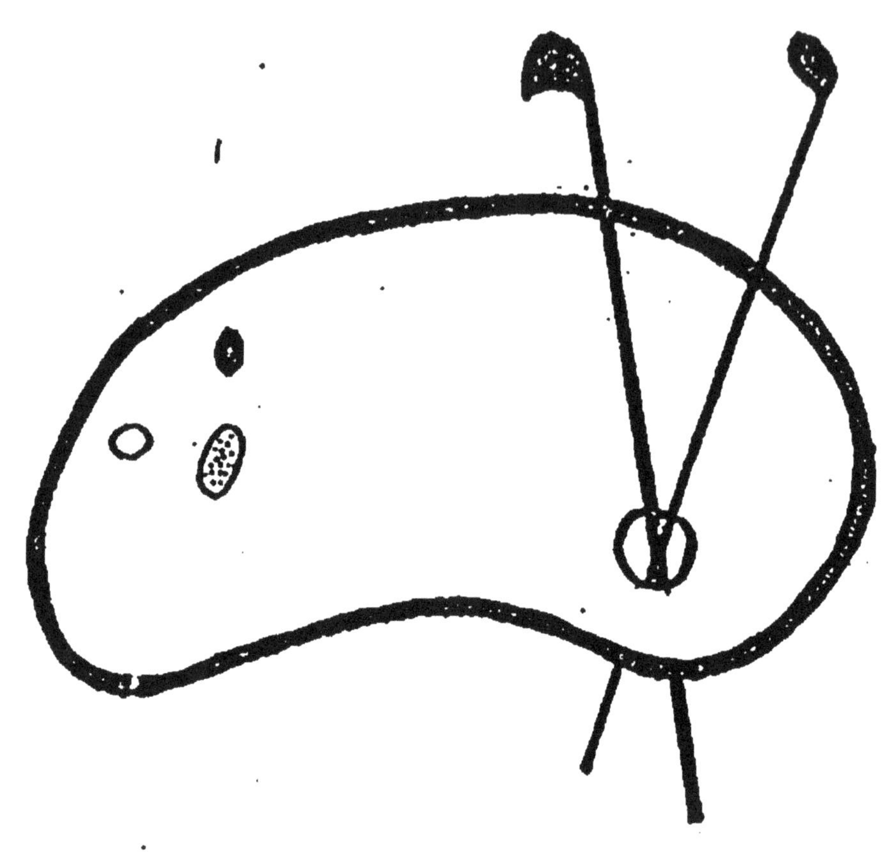

FIN D'UNE SERIE DE DOCUMENTS
EN COULEUR

CLASSIQUES ET MODERNES

ÉMILE COLIN, IMPRIMERIE DE LAGNY (S.-ET-M.)

CHARLES-MAURICE COUYBA

DÉPUTÉ

Classiques

et

Modernes

LA RÉFORME DE L'ENSEIGNEMENT SECONDAIRE

PARIS

ERNEST FLAMMARION, ÉDITEUR

26, RUE RACINE, PRÈS L'ODÉON

Aux Éducateurs,

et

Aux Pères de famille de France.

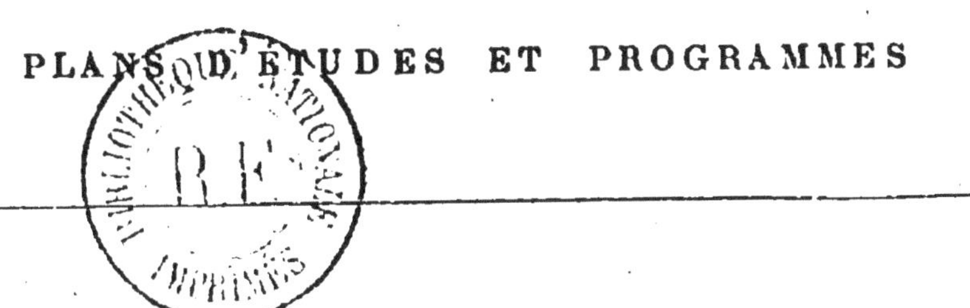

CLASSIQUES ET MODERNES

LA RÉFORME DE L'ENSEIGNEMENT SECONDAIRE

PLANS D'ÉTUDES ET PROGRAMMES

INTRODUCTION

La Commission parlementaire de l'enseignement, appelée à discuter la réforme de l'enseignement secondaire, a entendu sur la question capitale des plans d'études et des programmes les maîtres les plus autorisés de l'Université et les représentants les plus avisés des interêts intellectuels et économiques de notre pays. Quelle que soit l'opinion que chacun se fasse sur le plan pédagogique de la réforme, il semble que personne ne conteste ni sa nécessité ni l'idée générale qui doit la conduire et la dominer. Cette idée est avant tout une idée sociale, et, comme l'ont fort

1

bien dit quelques-uns des déposants (1), toute la gravité du problème de l'enseignement secondaire vient de là.

Le premier fait social qui s'impose à l'attention du législateur est l'augmentation constante de la partie de la population qui prétend pour ses fils à l'enseignement secondaire : 200.000 familles environ en 1900, au lieu de 20.000 en 1850.

Le second fait social c'est la conception même que se forme de l'éducation classique l'immense majorité de ces familles. Elles *veulent* que cette éducation soit à la fois libérale et utilitaire, et cela dans le moins de temps et avec le moins de frais possible.

Le troisième fait social c'est la poussée démocratique résultant du développement de l'enseignement primaire et primaire supérieur et tendant « à faire tomber les barrières artificielles qui séparent les degrés et les modes des études secondaires, l'enseignement moderne de l'enseignement classique, l'enseignement primaire supérieur de l'enseignement moderne (2) », de telle sorte que chacun de ces enseignements soit non plus une impasse, mais une avenue coupée de routes nombreuses qui la relient à l'avenue voisine et qui conduisent l'écolier le plus

(1) MM. Buisson, Berthelot, Fouillée, Maneuvrier, Boutmy.
(2 M Gréard.

rapidement et le mieux possible à ce but de l'éducation moderne : une situation sociale pour un bon citoyen.

Ces trois faits sociaux ne peuvent être méconnus ni éludés par le législateur, sous peine d'emporter et d'anéantir toute la législation. Ils doivent prescrire et subordonner les plans de réformes scolaires que la nation attend avec impatience. C'est le devoir impérieux et ce sera l'honneur de l'Etat républicain d'utiliser et de diriger dans ce triple dessein toutes les forces intellectuelles de l'Université enseignante et de la démocratie enseignée.

L'Université enseignante a, chez nous, des qualités éminentes et nombreuses, qui, durant tout le XIXe siècle, en ont fait la première Université du monde. Moralité, dévouement, libéralisme, savoir, « esprit de finesse, esprit de géométrie », sentiment profond du bien, du beau et du juste, ce sont là des vertus que nul ne conteste aux maîtres de la jeunesse française, et l'histoire enregistre avec orgueil, parmi les noms des grands hommes qui ont présidé aux destinées politiques et scientifiques de ce siècle, toute une pléiade de noms universitaires français.

Aussi la nation a-t-elle une absolue confiance en l'Université. Cette confiance, l'Université d'aujourd'hui et de demain ne la méritera pleinement que si elle se préoccupe de plus en plus des intérêts, des besoins, de la vie sociale de la démocratie.

Sans doute, des esprits distingués, toujours épris de plus de délicatesse, peuvent regretter le temps où « l'honnête homme » savait disserter en latin et en grec sur les « Caractères » de Théophraste et charmer les loisirs studieux d'un public d'élite, sous les ombrages des bosquets de Versailles, non loin des jardiniers du Roi qui courbaient l'échine et remuaient la terre « avec une opiniâtreté invincible », sans rien voir et sans rien comprendre.

Mais aujourd'hui, le roi n'est plus. Le jardinier s'est instruit et le jardin lui appartient. Il consent bien à entendre le latin comme ses maîtres, mais il veut avant tout savoir parler français et régler lui-même l'ordonnance scientifique de *ses* plans, la culture intensive de *ses* terres, et la destination utilitaire de *ses* fruits. Il joint à la conception du Beau naturel ou artistique qui le récrée celle de l'Utile qui le fait vivre et le nourrit, lui, ses enfants, ses concitoyens, et ses voisins d'outre-mer et d'outre-Rhin, avec lesquels il est entré en concurrence et en relations, sur le Cours-la-Reine ; en 1700, Foire du Roi : en 1900, Foire du Monde. Tant pis pour l'helléniste aristocrate, qui, enfermé dans sa tour d'ivoire, n'aura pas voulu favoriser le commerce du jardinier avec son seigneur, l'Univers.

Ordonnance scientifique des plans, culture intensive des esprits, destination utilitaire des élèves : telle est aussi bien la triple tâche du réformateur scolaire au xxᵉ siècle. Recueillons-la, telle quelle, de la volonté du jardinier et s'il le faut, par instants, ne craignons pas d'élaguer, d'émonder, d'arracher, de greffer! De la lumière! De l'espace! Des allées! Des contre-allées! Des avenues! De la place au soleil!

I

L'ORDONNANCE SCIENTIFIQUE

La mnémotechnie et la réflexion.

Qu'on le veuille ou non, le xxᵉ siècle sera le siècle
de la Science et de la Démocratie, et nos petits
neveux de « Saint-Louis » ou de « Louis-le-Grand »
verront et feront des miracles, « par raison démonstrative ».

Cherchez la cause de l'affaiblissement des études
et de la déformation du régime du xixᵉ siècle et
vous la trouverez le plus aisément du monde. « C'est,
dit M. Bertrand, dans son étude sur le lycée de
quatre ans (*Revue Occidentale*, du 1ᵉʳ *juillet* 1899),
c'est l'invasion des sciences dans un système uniquement conçu pour l'enseignement des langues
anciennes, et c'est aussi l'invasion de la démocratie dans une institution qui avait pour but prin-

cipal de former ce qu'on a très bien nommé des *hommes de luxe*. Rien ne sert de déplorer cette double invasion qui a tout emporté, tout ravagé ; c'est un fait accompli. Les sciences tiennent désormais trop de place dans la vie individuelle et dans la vie sociale pour qu'on songe, je ne dis pas à les exclure, chose impossible, mais simplement à les restreindre. On ne peut songer qu'à les mieux enseigner et à ne plus nous les faire absorber comme autrefois on prenait le quinquina, en mangeant beaucoup d'écorce et beaucoup de bois, parce qu'on ne savait pas encore en extraire le principe actif, la quinine. Semblablement on se leurre en parlant de réserver les études secondaires à une *aristocratie*, ce serait rétablir le régime censitaire et donner une prime à la situation et à la fortune qui désigneraient cette aristocratie. »

Donc, il faut s'y résigner. Demain, les fils d'ouvriers, grâce à la diffusion de la science, sortiront du collège avec ou sans diplôme. Mieux vaudrait avec, direz-vous. Tout dépend de ce qu'on entend par diplôme. Baccalauréat ? Non, mille fois non ! Certificat d'études secondaires avec matières à option ! Oui, certificat, rien de plus. « Je soussignée Université de France certifie que le jeune X... a fait chez moi des études bonnes sur telle partie, médiocres sur telle autre, passables sur le reste. Un point c'est tout. »

Ce certificat d'études donnerait ainsi une analyse non pas quantitative, comme le fait notre baccalauréat d'aujourd'hui, mais qualitative des esprits. Il constituerait un double profit pour les élèves et pour les maîtres : pour les élèves qui, doués de telle ou telle disposition scientifique ou littéraire sur telle ou telle partie du programme, pourraient demander à être interrogés sur une matière qu'ils auraient plus longuement et plus personnellement étudiée ; pour les maîtres qui, se trouvant en face d'esprits originaux et, en quelque mesure, autodidactes, pourraient se rendre plus facilement un compte plus exact de l'effort personnel et de la valeur intrinsèque du candidat : critérium idéal de tout examen sérieux, critérium impossible à établir avec le système actuel de notre baccalauréat et de notre enseignement secondaire.

Il est impossible de s'occuper du plan d'études et des programmes de l'enseignement secondaire, sans être amené à parler du baccalauréat. En France, depuis un demi-siècle, le baccalauréat est non pas le serviteur, mais le maître de l'enseignement secondaire. Il ressemble à ces huissiers tout-puissants qui vous font sortir à leur gré de l'antichambre ministérielle pour pénétrer dans le cabinet du ministre, et dont la chaîne d'acier attire, accapare et paralyse les regards, les gestes, les pensées des solliciteurs. Chaîne magnétique et magique, faite de toutes les superstitions, de tous les préjugés, de toutes les fausses disciplines, de tous les « mementos » du code de civilité classique ; chaîne qui, même couverte de rouille, paraît d'ar-

gent très pur aux prunelles ardentes des quéman-
deurs, comme la « belle étoile » de Noël semble d'or
aux yeux rougis par le froid des poètes et des men-
diants.

Oui, par le seul fait que le baccalauréat clôt et
conclut la série des études secondaires classiques,
il les commande et les subordonne. Par le seul fait
qu'il s'impose comme point terminus aux esprits des
élèves, il n'est plus un point, mais un monde. Par sa
faute, il y a de moins en moins d'étudiants et de
plus en plus de candidats. C'est le plus détestable et
le plus injuste des privilèges. C'est lui qui le premier a pu triompher de cette obligation universelle : le service militaire. Il a créé au profit de
ceux qu'il couronne de sa baie de laurier (quel
laurier!), un droit exorbitant, la possibilité d'échapper pour un temps à la contribution civique, au
service de la patrie.

Je me garderai bien de dire qu'il a tourné contre
cette patrie ceux qu'il dispense de la servir; car il
y a parmi eux des philosophes, qui sont de très
grands esprits et par suite de très bons citoyens.
Mais pour un philosophe qui raisonne, que de bacheliers qui déraisonnent! Pour un Jaurès qui
observe le mouvement social de la France, par
rapport au système de l'univers, que de sous-licen-
ciés qui crient : « Vive l'Internationale! » sans savoir
ce que c'est qu'une nation, ou inversement : « Vive
l'armée! » sans savoir ce que c'est que le service de
trois ans. Le baccalauréat seul a pu faire ce double

miracle d'inconscience, et la Haute-Cour de justice, au lieu de condamner des bacheliers avortés, aurait dû logiquement condamner leurs maitres, ou plutôt l'institution sociale et sa clef de voûte, le baccalauréat.

Le Parlement, sans doute, ne voudra pas inaugurer le vingtième siècle en se constituant en cour martiale universitaire. Le Parlement, au lieu de diriger l'opinion, la suit-parfois comme certaines provinciales suivent la mode, de plusieurs années en arrière. Le public peut donc être rassuré, notre proposition de loi « baccalauricide !» ne sera pas votée en 1901. Mais, à force de frapper sur le baccalauréat, il faudra bien qu'il se transforme, s'effrite, s'écache et perde son caractère dangereux et funeste au progrès intellectuel et social des générations françaises. En lui accordant de moins en moins d'importance, en tant que sanction définitive; en divisant l'enseignement secondaire en *deux cycles d'études, complets par eux-mêmes* et sanctionnés par des examens, avec matières à option ; en mettant avant lui un certificat intermédiaire, qui vaudra mieux que lui au point de vue intellectuel sans valoir autant au point de vue des prérogatives sociales; en substituant peu à peu à son mode d'examen invariable, quantitatif et impersonnel, un examen variable, composé de deux épreuves communes écrites, et d'épreuves orales, multiples, souples, qualitatives et personnelles, suivant les aptitudes et les carrières, on arrivera à

l'émietter si bien qu'il finira par perdre son caractère, son prestige et jusqu'à son nom.

A l'impersonnalité rigide et mnémotechnique,
substituer la personnalité souple et réfléchie : toute
la réforme de l'enseignement secondaire est là ; et
M. Boutmy a eu raison de mettre en lumière, dans
sa remarquable déposition, les deux grands actes
distincts et nécessaires de l'enseignement secondaire : 1° l'acquisition des connaissances, 2° la réflexion appliquée aux connaissances acquises. Le
premier acte consiste à absorber, le second à digérer. « Or, sinon tout l'effort, du moins le principal
effort des organisateurs de l'enseignement secondaire a constamment tendu à diminuer la part de
la réflexion, à augmenter celle de l'acquisition
mnémotechnique des connaissances. » Chaque matière du programme a été grossie, enflée, par ses
représentants au ministère, au conseil supérieur et
aux classes des lycées. Chaque pédagogue a voulu
tirer la couverture à lui. Conséquences : l'esprit des
maîtres et des élèves se fausse, leur temps se perd,
l'âme de l'Université s'alanguit, la concurrence de
l'enseignement libre se dresse redoutable parce
qu'il agit précisément pour la mémoire et qu'il fa-
brique à peu de frais, avec des maîtres médiocres,
des bacheliers sortables suivant la formule A. M. D. G.
et A. G. D. G., avec garantie du gouvernement,
alors qu'il ne pourrait lutter au contraire contre
l'enseignement officiel dès qu'il s'agirait d'imiter
« l'exercice inimitable de la réflexion. »

Mais pour cela, il faut réformer la méthode de l'enseignement secondaire et l'ordonner par la science et la raison. C'est là ce que le jardinier de Versailles appelait, dans le style pompeux de Le Nôtre, « l'ordonnance scientifique des plans. »

II

LA CULTURE INTENSIVE

*L'enseignement classique
et l'enseignement moderne. Leur correspondance
nécessaire.*

Si la Commission de l'Enseignement admet la nécessité de substituer, autant que possible, la méthode de la réflexion à celle de la mnémotechnie, elle est par là même logiquement et nécessairement amenée à reconnaître qu'aujourd'hui, dans nos lycées et collèges, il y a trop de temps perdu, en dépit ou peut-être à cause de l'abondance des matières du programme, et que la première réforme à faire est celle de la diminution et de la meilleure répartition du temps des études.

Je ne méconnais pas les objections que vont faire les défenseurs intransigeants de l'enseignement classique. « Réduire, ne fût-ce que d'un an (6 ans au lieu de 7) la durée des études secondaires, c'est méconnaître et amoindrir leur vertu éducative, dont le propre est d'opérer à la longue, de s'infiltrer lentement mais profondément dans l'esprit des élèves et pour ainsi dire à leur insu. » C'est, en somme, la théorie de l'influence du milieu directement proportionnelle au temps écoulé. Or, rien n'est moins scientifique que cette théorie abstraite, et rien n'est moins applicable à des cerveaux, à des tempéraments aussi divers que ceux des enfants. Sénèque, il est vrai, nous dit en certain passage, que les hommes qui séjournent dans la boutique d'un parfumeur emportent, avec eux, l'odeur des parfums. Mais Sénèque ne fixe pas de durée précise à ce séjour, *paulo diutius*, et je ne crois pas qu'un bain de 7 heures dans une telle atmosphère donne un parfum de $1/7^e$ plus intense qu'un bain de 6 heures. C'est exactement comme si on osait prétendre que 70 bougies produisent une lumière 10 fois plus *intense* que 7 bougies. Ce calcul proportionnel est une simple erreur.

Ce qui est certain, en tout cas, c'est que le séjour d'un élève médiocre durant sept années, au lycée, ne fortifie pas plus son intelligence qu'un séjour de six années. Il y a de grandes chances, au contraire, pour que son esprit soit un peu plus atrophié, au bout de sept ans qu'au bout de six, étant donné que c'est toujours la même méthode mnémotechnique, le même milieu exclusivement favorable aux « brillants écoliers », aux « forts en thème », et parfaitement funeste aux « pauvres d'esprit ». Et pourtant cet « élève médiocre », rhétoricien ou philosophe, est un homme. « Ce cancre » rentré au logis, vous frappera par son bon sens, sa justesse et sa finesse pratique, par sa sûreté d'esprit naturel appliqué aux choses d'expérience (1) ». En réalité il n'y a pas là un « phénix » et un « cancre »; il y a deux esprits qui ne se ressemblent pas, qui peut-être se complètent, et que la société utilisera parfaitement chacun à sa place, l'un dans l'enseignement classique, l'autre dans l'enseignement moderne.

« Mettre chacun à sa place », voilà le problème, impossible à résoudre avec le système actuel de l'enseignement classique et de l'enseignement moderne, qui sont deux impasses, sans aucune correspondance, à âge égal, sans aucune communication pratique. D'ailleurs, éclaircissons une bonne fois cette question des deux enseignements! S'ils sont frères ennemis, à qui la faute? A leur père, l'Etat? Peut-être! A leur mère, l'Université? Oui, certainement, à l'Université qui, préférant l'aîné, l'ancien, le délicat, n'a jamais voulu trouver aussi beau, le cadet, le Moderne. « Il sera toujours bon pour faire un commerçant. » Donc, sept ans d'études au Classique, six ans au Moderne. Et surtout pas de rapports entre eux! Mieux encore. Quand le cadet dit : « Six ans, c'est trop... et pas assez; pour

_____

(1) M. Buisson. *Déposition*, tome I, p. 438.

2.

le commerce, j'ai besoin de science pratique, je n'ai pas ma part de science », l'Université lui répond : « Tu veux de la science ! Tiens, voilà de la littérature ! »

La Société qui entend ce dialogue, prend naturellement parti contre l'Université, pour le Moderne ; et, comme il arrive souvent, prenant parti elle devient partiale. Elle réclame pour les six années d'études du Moderne les mêmes sanctions, les mêmes avantages que pour les sept ans du Classique. Elle oublie que savoir quatre langues, comme le Classique (grec, latin, français, allemand), vaut tout de même mieux pour la culture d'un esprit gallo-romain que d'en savoir trois comme le Moderne : (français, allemand, anglais). Elle méconnaît la valeur éducative des langues classiques ; elle nie même leur valeur sociale. Pour un peu, elle demanderait la mort du Classique « sous prétexte que le Classique ne sait pas faire une addition ». *Inde iræ !* Cris, tempête, fureur de la vieille Université qui défend, *unguibus et rostro*, son nourrisson préféré, privilégié, le Classique.

« Halte-là, plus de privilèges ! » C'est l'Etat qui intervient. « A mérite égal, sanctions égales. Vos deux élèves auront chacun six années d'études, au bout desquelles ils devront savoir chacun trois langues, obligatoirement ; le Classique : une langue morte, une langue étrangère, la langue française ; le Moderne : deux langues étrangères et le français. Cela, c'est le minimum ; mais bien, entendu, si le

Classique veut être un jour professeur de lettres, je ne lui défends pas d'apprendre le grec. Je ne lui défends pas, donc je lui ordonne. Et si le Moderne veut être médecin ou avocat, je ne lui défends pas d'apprendre le latin. Au contraire, je lui conseille et facilite cette étude. Vous facilitez. Comment cela ? — C'est très simple. Au lieu d'un seul cycle d'études de six ans, clos par le baccalauréat, j'en crée deux de trois ans. Dans le premier cycle, le classique et le moderne apprennent une langue classique ou une langue moderne, plus la langue française. Dans le second cycle, ils apprennent chacun une autre langue (classique ou étrangère), plus toujours la langue française, qu'ils ne sauront jamais assez.

Fort bien, mais si mon petit classique, futur professeur, veut gagner du temps et apprendre les éléments du grec, dès la dernière année de votre premier cycle, allez-vous, Etat, le lui interdire ? — En aucune façon. Je créerai, au contraire, dès la troisième année classique, un cours de grec facultatif, de même que je créerai en troisième année moderne un cours de deuxième langue vivante facultatif; et quand votre petit bonhomme viendra passer l'oral de son premier certificat d'études secondaires, je lui demanderai s'il veut me lire une fable d'Esope. S'il la lit bien, je lui donnerai une mention spéciale. Et s'il la lit mal? — S'il la lit mal, s'il ne comprend pas un mot, je ne dis pas de grec, mais au grec, je lui dirai qu'il fait fausse route. Et si, par-dessus le marché, il ne comprend rien au latin, je lui dirai qu'il est un « cancre » au sens classique, mais qu'il peut très bien être un « phénix » au sens moderne et je l'enverrai rejoindre son petit frère, le commerçant, en troisième et quatrième années modernes.

Mais, alors, mon petit Classique va se trouver désormais déraciné, dépaysé. — Dépaysé parce qu'il aura changé de rive ! Allons donc ! Rive gauche ou rive droite ; le quartier latin ou le faubourg Saint-Antoine : c'est toujours la France. Et puis, vous oubliez qu'entre ces deux rives il y a des ponts, et que sur les deux quais parallèles il y a beaucoup de travaux communs. A part les cours spéciaux (latin, enseignement technique, dessin, travaux manuels pour l'école de Châlons, etc.), tous les cours de première et de deuxième année classique et moderne peuvent être faits sur le même programme (histoire, littérature, morale, instruction civique, sciences), ce qui présenterait ce double avantage : 1° économie de temps, d'espace et d'argent très appréciable, surtout dans les petits collèges, où le même professeur pourra suffire, dans un même local et dans une leçon d'une heure, aux deux enseignements ; 2° réunion fréquente des élèves classiques et des élèves modernes, rupture de la barrière, émulation, pénétration des deux enseignements, pour mieux dire, facilité quotidienne du passage de l'un à l'autre.

Sans doute, dira l'Université à l'Etat. Mais ce que

je vois de plus clair jusqu'à présent dans votre plan d'études, c'est que vous favorisez surtout le passage du classique au moderne ; vous dépleuplez l'enseignement classique. — Oui, je le dépeuple, mais de ses non-valeurs au sens classique. Donc, je le renforce. J'en fais de plus en plus l'enseignement d'une élite intellectuelle. N'est-ce pas ce que l'Université et la société désirent! — Assurément, mais... je ne vois pas, moi, Université, la facilité de l'absorption inverse, le passage du moderne au classique. — Université, ce sentiment de prévoyance sociale vous honore. Je suis enchanté, moi, Etat, de constater que, bien loin de rejeter, comme autrefois, le moderne ou le primaire supérieur de votre giron classique, vous voulez les y attirer. Aussi ai-je sinon prévu, du moins prévenu votre désir. Grâce à mon certificat d'études modernes qui clôt le premier cycle, grâce aux *cours spéciaux* de mon deuxième cycle d'études, un bon élève d'enseignement moderne ou primaire supérieur de quinze ans pourra, s'il a des aptitudes littéraires ou historiques, apprendre en trois ans (deuxième cycle) suffisamment de latin pour obtenir son certificat d'études supérieures (ou baccalauréat classique) et entrer soit à la Faculté des lettres, soit à la Faculté de droit, ou, s'il a les aptitudes nécessaires, à la Faculté de médecine.

Alors, c'est l'égalité des sanctions? — Pourquoi pas, puisque c'est l'égalité des mérites. — Alors un Béotien, un Primaire supérieur, pourrait prétendre en trois années, grâce à vos *cours spéciaux* (latin et grec), arriver au baccalauréat ès lettres, puis, deux ans après, à la licence ! — Oui, mais à une condition. — Laquelle ? — C'est que mon Béotien soit très intelligent et il y en a beaucoup plus que vous ne pensez. Demandez aux professeurs du collège Chaptal, Arago, Turgot, et autres de la Ville de Paris. Ils vous diront que maint élève, muni de son certificat d'études primaires supérieures, fut deux ans après bachelier. — Alors, c'est la mort de l'enseignement classique. — Point du tout, c'est sa rénovation et sa conservation.

Sa conservation, vous êtes dur ! — Je suis pré-·voyant. — Vous me perdez. — Je vous sauve. — Etat, c'est impossible ! — Université, écoutez-moi ! Tout à l'heure la Société vous accusait de ne songer qu'à vous, et pas à elle. La Société avait raison. Si vous vous obstinez à exclure l'enseignement moderne, même muni de latin, de nos écoles de médecine et de droit, prenez garde qu'il n'y entre de force, et sans latin, et plus tôt que plus tard. Le Parlement a un faible pour l'égalité, un faible... très fort, et qui sera certainement le plus fort. Voulez-vous sauver le latin ? Faites le sacrifice du grec ! Sinon, vous les perdrez tous les deux et vous-même par-dessus le marché. Rendez le grec obligatoire pour vos futurs professeurs, facultatif et « matière à option » pour tous les autres candidats.

« Mieux vaut savoir très bien le latin, par une culture intensive, et pas du tout le grec, que très mal le grec et très mal le latin, par une culture extensive et négative. Et surtout mieux vaut ne savoir ni latin ni grec et faire un bon commerçant, après un cycle triennal d'études modernes, complet par lui-même, que de faire un demi-bachelier de rhétorique, incapable d'être reçu à sa seconde partie, et dont les orgueilleuses réminiscences s'arrêtent juste à l'année 1789. Tout un siècle ignoré, et le sien, le nôtre ! Université, prenez garde de devenir la Belle au Bois-Dormant. Prenez garde ! Le jardinier de Versailles vous a dit qu'il n'y avait plus de Prince Charmant. »

III

LA DESTINATION UTILITAIRE

Les deux cycles. — La multifurcation.

La division de l'enseignement secondaire en deux cycles d'études complets par eux-mêmes et sanctionnés par des certificats ou diplômes, telle doit être, à notre avis, la partie capitale et la pensée directrice de la réforme. Il faut que de nos maisons pas un jeune homme ne sorte sans emporter avec lui sinon un bagage intégral, du moins un bagage complet de connaissances.

Pour ne parler que de l'histoire, revenons sur cet exemple typique. N'est-il pas monstrueux qu'un demi-bachelier de rhétorique lancé dans la vie moderne, ne sache pas un mot de l'histoire et de la civilisation contemporaines, pas un mot de la

Révolution de 1789, pas un mot du dix-neuvième siècle ? C'est pourtant ce qui arrive chaque année à plus de 3.000 jeunes gens refusés à la deuxième partie du baccalauréat et ne continuant pas leurs études. Et ils ont dix-sept, dix-huit ou dix-neuf ans. Ils vont partir au régiment, où ils seront étonnés, sans doute, de ne pas trouver les étendards fleurdelysés du Roi. Et ils ne peuvent ni ne veulent, de dégoût, continuer leurs études avortées, manquées par la faute du baccalauréat et de l'Etat, son dispensateur.

Oui, disons le mot, la faute n'est pas seulement à l'Université. Elle revient surtout à l'Etat et au gouvernement, dont les ministres, ayant vu le mal, n'ont pas voulu le guérir. Or, aujourd'hui, il faut que ces défaillances cessent. Il faut que le Ministre de l'Instruction publique, quel qu'il soit, rappelle énergiquement à l'Université qu'il est son grand maître et qu'elle doit compte à l'Etat des enfants qu'on lui confie. Sacrifier plus longtemps des intelligences, des activités que réclament la science et l'industrie nationales, serait un crime de lèse-familles et de lèse-patrie. La Commission espère que le Ministre actuel, sorti des rangs du peuple, se souviendra de ses origines, du noble idéal de sa jeunesse de poète, et de la devise inscrite sur son drapeau : « Défense républicaine ! » Les cadets de Gascogne n'avaient pas seulement des désirs. Ils avaient la volonté et l'énergie ; et Cyrano de Bergerac, s'il revenait aujourd'hui parmi nous, n'aurait pas assez d'épées pour estoquer tous les préjugés et tous les abus.

Donc, il faut diviser l'enseignement en deux cycles. L'enseignement moderne dure six ans. L'enseignement classique, si l'on veut arriver à l'équivalence intellectuelle et sociale des deux enseignements, doit durer le même temps : six années. Pour les élèves bons ou passables, c'est assez ; et nous connaissons tous un certain nombre de jeunes gens qui ont fait de bonnes études classiques en moins de six ans. Pour les élèves médiocres ou nuls, c'est trop ; et ils pourront se reprendre et se diriger vers ailleurs dès la fin du premier cycle. De quelle durée sera ce premier cycle ? De trois ans ou de quatre ans ? La question vaut qu'on l'examine, car l'une et l'autre solution comporte ses avantages. Mais l'essentiel est qu'on adopte une solution.

Examinons d'abord et en fait la question au point de vue de l'enseignement moderne ; car c'est celui-ci qui est le plus tôt déserté par les jeunes gens, de familles généralement moins riches. Les élèves du classique, à moins qu'ils ne soient tout à fait nuls ou que des circonstances extraordinaires ne les forcent à abandonner leurs études, ne quittent guère le lycée avant la rhétorique. Au contraire, les élèves du moderne, d'après le rapport de M. Fernet, inspecteur général de l'Université (I. 401), quittent, pour un quart, le lycée au bout de la troisième année, pour un cinquième, au bout de la quatrième année d'études, et se dirigent vers les carrières industrielles et commerciales.

Que savent-ils, d'après les programmes actuels, *au bout de ces quatre ans ?* Ils savent l'histoire de l'Europe et de la France jusqu'en 1610 (!!) ; l'histoire de la littérature française jusqu'au commencement du dix-septième siècle ; toute la géographie excepté la partie la plus importante, celle qui concerne la France ; la géométrie jusqu'à la surface du polygone et du cercle, (rien de la mesure des volumes) ; l'algèbre jusqu'aux équations du 1er degré (rien des équations du 2e degré, ni des progressions, ni des logarithmes ; rien de la trigonométrie, rien de la géométrie descriptive ; rien de la cosmographie) ; ils savent de la physique jusqu'à la pesanteur et la chaleur (pas un mot de l'électricité, ni de l'optique, ni de l'acoustique, et notez qu'ils se destinent à l'industrie !!), ils savent de la chimie tout juste les métalloïdes (pas un mot des métaux!!). Et c'est tout. Ou plutôt ce n'est rien. Et ce rien est le résultat de quatre ans d'études.

Mais où donc, direz-vous, la science s'est-elle réfugiée dans les programmes de l'enseignement moderne ? La science, elle est toute dans l'avant-dernière et surtout dans la dernière année, celle qu'on appelle la « première moderne, sciences ». Oh ! là par exemple, c'est le chauffage à blanc. Que n'y trouve-t-on pas ? La philosophie scientifique et morale, le droit public, le droit civil, l'économie politique, cent années d'histoire contemporaine. —

Et quoi encore ? L'algèbre, la trigonométrie, les courbes usuelles, la cosmographie, la géométrie descriptive, la mécanique, la physique, la chimie générale et organique, l'analyse chimique, toute l'histoire naturelle, l'anatomie et la physiologie animales et végétales, la paléontologie, l'hygiène, « l'hygiène qu'un enfant bien élevé connaît depuis longtemps par l'éducation de la famille (1) », l'hygiène qui, des hauteurs de la pensée philosophique de Platon, de Descartes, de Leibnitz, de Spinoza, fait descendre cet étudiant de 17 ans à ceci : (je cite textuellement le programme) : « Viandes dangereuses (trichinose, ladrerie) : la viande du porc, les saucisses !! »

Oui, tout cela est ridicule, tout cela est mesquin, tout cela est misérable et méprisable. Et comme je comprends que sur 100 élèves qui débutent dans l'enseignement moderne, il n'en reste plus que 5 ou 6 en cette dernière année de surchauffage. Ecoutez encore cet aveu du sage M. Fernet, inspecteur général des sciences : « Il faut bien dire cependant que, dans cette dernière année en particulier, cette diminution du nombre des élèves tient encore à une cause particulière : c'est que le baccalauréat de l'enseignement moderne (toujours le baccalauréat !!) est trop difficile. La plupart des élèves, après avoir suivi les cours de l'enseignement moderne, les abandonnent avant la dernière année et préparent

(1) M. Gebhart, déposition.

3.

le baccalauréat classique, qui *leur semble* plus facile. (*Leur semble* est joli comme euphémisme !). C'est là un fait d'expérience courante : *dans la plupart des lycées de moyenne importance, la classe de première moderne n'existe plus ! ! !* »

Et voilà l'enseignement moderne, et voilà sa faiblesse dénoncée par un inspecteur général. Et un autre universitaire éminent nous dit sur le même sujet : «Ou il y a dans tout cela beaucoup de trompe-l'œil, ou ces cours sont impossibles à faire et à écouter en une seule année scolaire — et j'ignore s'il existe des élèves capables de se les assimiler. » Qui parle ainsi ? Qui confesse, avec cette indifférence nonchalante et cette naïveté tranquille, le trompe-l'œil et le néant de l'enseignement moderne ? Un maître d'études ? Un professeur de collège ? Un journaliste ? Point du tout. Celui qui condamne en ces termes l'Université, c'est un ex-Grand Maître de l'Université, un ancien Ministre de l'Instruction publique.

Après cela, que voulez-vous que je dise ! Voulez-vous écouter le Grand Maître, au sujet de la *première Lettres* ? Oyez ! «Si vous avez eu sous les yeux, monsieur le Président, le programme de la *première Lettres*, vous avez dû être frappé de la surcharge ! » Ah ! je vous crois bien, monsieur le Ministre, que nous en avons été frappés. Mais ce qui nous frappe encore davantage, nous et toute la nation, c'est que vous ayez été deux ans Ministre et que, rempli de « bonne volonté » mais manquant de *volonté* sans épithète, paralysé par l'esprit conservateur vous ayez constaté et *toléré* pendant deux ans cette chose affreuse : le trompe-l'œil, le néant de la dernière année des études modernes, littéraires ou scientifiques, de ces études en vue desquelles les paysans, les ouvriers, les bourgeois de France font tant et de si douloureux sacrifices, pour aboutir à quoi? A perdre leur temps, leur argent, leurs espérances ; à perdre l'intelligence, la jeunesse et l'avenir de leurs enfants.

Si, au lieu de cela, un Ministre résolu voulait imposer à l'Université cette simple règle, qui est une nécessité sociale : *faire en trois ou quatre ans des élèves modernes qui sachent quelque chose,* cette résolution vaudrait mieux qu'une révolution. Pourquoi, par exemple, et pour nous en tenir au programme d'histoire, ne donnerait-on pas aux élèves de 12 ans (en 1re année, classe 6e) des notions sommaires sur les grands faits et les grands hommes de l'histoire ancienne, avec lectures ou traductions des auteurs appropriés : Hérodote, Plutarque, Tite-Live, Tacite, etc.; en 2e année (5e moderne) les mêmes notions sur l'histoire de la France jusqu'en 1789 ; en 3e année (classe de 4e) l'histoire de la France et de l'Europe de 1789 à nos jours. De même, en littérature, on pourrait étudier chaque année les grands auteurs correspondant à chacune de ces périodes historiques ; la littérature et l'histoire de la civilisation s'éclaireraient et s'expliqueraient ainsi l'une l'autre, comme elles le font d'ailleurs dans la réalité. De même encore, en géographie et en langues vivantes, de même en sciences, où l'on suivrait la méthode pratique de Descartes, en allant toujours du « simple au composé. »

J'avoue que, pour ma part, séduit par le plan d'études intégrales et positives présenté par mon ancien maître de philosophie M. Bertrand, j'eusse préféré un premier cycle de quatre années. Outre que ces quatre années sont nécessaires pour une étude complète des sciences, la quatrième année permettrait alors de jeter un coup d'œil d'ensemble sur le chemin parcouru, de revenir du composé au simple, de faire la synthèse de ces trois années d'analyses. Cette quatrième année moderne, *après laquelle la plupart de nos jeunes gens quittent le collège*, je la voudrais scientifique sans complications inutiles, philosophique et morale sans pédanterie métaphysique, littéraire sans érudition prétentieuse et par dessus tout très modernemènt historique. C'est là, non deux ans après qu'il faudrait apprendre aux élèves l'histoire de la civilisation et des institutions au milieu desquelles ils vont vivre.

(1) Nous estimons de même, allant du simple au composé, qu'il faudrait abandonner une bonne fois l'ancienne dénomination des classes — nombrées à rebours — et dire : 1re année classique, au lieu de huitième ; 2e classique, au lieu de septième ; comme on devrait dire : 1re année moderne, 2e année moderne, etc., jusqu'à la 6e année moderne, couronnement des études. Cette réforme des mots suivra forcément la réforme des choses et l'adoption de l'égalité de durée et de l'égalité de sanction des études modernes et classiques,

C'est là que se feraient véritablement « les humanités modernes » en même temps que l'apprentissage de la vie pratique et civique. Mon élève de seize ans pourrait quitter le collège tout à fait.

Avec des classes d'une heure, « extrême limite de l'effort et pour le professeur et pour les auditeurs, séparées par une interruption de dix minutes (la *Pause* des Allemands) pendant laquelle, tout naturellement, les professeurs restant au lycée causeraient amicalement avec les élèves (1) » ; avec le même maître, à la fois professeur et répétiteur, comme je le proposais à la Commission, qui n'a pas voulu entrer dans cette voie, selon moi, nécessaire ; car c'est là, ne l'oublions pas, *l'idéal de l'éducation*, et tant qu'il y aura deux hommes chargés l'un d'instruire, l'autre de surveiller, l'enfant d'esprit éveillé et malin verra toujours dans l'un le supérieur, dans l'autre l'inférieur, comme il verra toujours dans le troisième personnage de certains collèges appelé directeur d'études qui, accompagnant les élèves en classe, écoute d'un bout à l'autre la leçon du maître, un être hybride qu'il a déjà disqualifié ; avec une culture intensive, des *cours gradués, confiés au même professeur* et des cours spéciaux (faites-en l'expérience dans un collège et vous verrez si j'ai raison : cet élève serait, en savoir théorique, l'égal d'un bon bachelier

(1) M. Boutroux, t. I, p. 333.

actuel, et, en intelligence pratique, il lui serait certainement supérieur (1).

Et si notre diplômé moderne voulait alors continuer ses études et faire sa rhétorique et sa philosophie modernes, ne voyez-vous pas de combien il l'emporterait en maturité d'esprit sur les rhétoriciens actuels ? Ne sentez-vous point que s'il *voulait* même affronter le baccalauréat classique, avec deux ans de ces *cours spéciaux* de latin que nous instituons dans le deuxième cycle de notre nouveau système, il *apprendrait* le latin en le *comprenant*, et donc le saurait mieux que nos bacheliers perroquets d'aujourd'hui. Il saurait, en outre, une chose qu'ils ignorent : la valeur du temps bien employé, et de l'effort personnel soutenu. Il aurait fait à la fois l'éducation de son intelligence et de sa volonté. Et cela est sans prix.

Quant à l'élève classique, après ce 1er cycle de quatre ans, muni de son 1er certificat d'études secondaires (mention lettres latines), se destine-t-il aux carrières littéraires et aux grandes Écoles (Normale supérieure, Charles, Hautes-Études, Facultés

____

(1) A propos du rôle des répétiteurs et de leurs relations avec les professeurs, le compte rendu général des Dépositions (*Enquête*, I, 540) me prête une interruption qui n'est pas tout à fait exacte et dont on a singulièrement exagéré la portée. Il me fait dire : « Lorsque j'étais répétiteur, c'est à peine si j'ai trouvé un professeur sur vingt qui voulût me serrer la main »

J'ai dit simplement : « C'est à peine si j'ai trouvé un professeur qui vînt le premier à moi pour me serrer la main. » Ce qui n'est pas tout à fait la même chose.

des lettres et de droit) ? Il pourra en 5ᵉ année (Rhétorique) apprendre ce que dans le système actuel il
a totalement oublié depuis la 5ᵉ classique : l'histoire
des institutions de la Grèce et de Rome, si nécessaire
à la haute culture gréco-latine. Il apprendra ensuite
en 6ᵉ année (Philosophie) l'histoire philosophique,
politique, économique et sociale du XIXᵉ siècle, si
nécessaire à la culture moderne et à l'intelligence
de la vie contemporaine. Veut-il se préparer aux
Ecoles scientifiques (Polytechnique, Normale, Centrale, Institut agronomique, Facultés des sciences
et de médecine etc.)? On lui enseignera en 5° année
l'histoire des sciences (grandes découvertes et grands
savants.) S'il veut entrer à Saint-Cyr, il étudiera
cette même année l'histoire militaire de la France
et de l'Europe — étant entendu que pour le futur
saint-cyrien, comme pour le futur polytechnicien,
la 6ᵉ année comportera l'histoire du XIXᵉ siècle, couronnement nécessaire des études scientifiques aussi
bien que des études littéraires.

Ainsi au bout de 6 années d'études, de 12 à 18 ans,
avec ce système de la « multifurcation » et des matières à option, ce que nous appelons aujourd'hui
un « bachelier » et ce que nous appellerons un
« certifié d'études secondaires supérieures » pourrait
à la rigueur, s'il le voulait, se présenter aux examens
de Saint-Cyr, à la Faculté des sciences, ou à la Faculté de droit. Au total une économie de deux
années d'études sur le système actuel.

Cette division en deux cycles, l'un de quatre ans,

l'autre de deux ans, ne nous est d'ailleurs pas absolument personnelle. Elle a été indiquée à la Commission par M. Darboux. « Il suffirait, dit-il, ce qui ne bouleverserait pas grand'chose, d'adopter la mesure dont vous a parlé M. Croiset, et d'instituer dans l'enseignement classique, à partir d'une classe à déterminer, deux sections d'études bien distinctes, l'une plus littéraire, l'autre plus scientifique. M. Croiset vous a parlé, je crois, d'effectuer cette séparation au commencement de la rhétorique. Les études scientifiques y gagneraient beaucoup et les études littéraires n'y perdraient rien. Ce serait ajouter au type d'études classiques et au type moderne un type d'études scientifiques latines qui serait tout à fait à sa place dans un pays tel que le nôtre et qui existe d'ailleurs en d'autres pays. »

Donc, les doyens des Facultés des lettres et des sciences, MM. Darboux et Croiset sont partisans en principe de la multifurcation avant la rhétorique, c'est-à-dire, dans notre système, immédiatement après le 1er cycle que sanctionne un certificat d'études secondaires, donnant droit d'entrée dans le 2e cycle d'études supérieures.

Ajoutons que pour les élèves quittant le collège après ce 1er cycle, la 4e année d'études serait une année de revision féconde et de réflexion personnelle. Cette 4e annnée dont nous n'avons pas encore parlé et dont nous voudrions parler plus longuement comporterait pour les classiques comme pour les modernes un enseignement commun : l'histoire

générale de la civilisation et de l'art, la géographie
économique et coloniale de la France et du monde,
les éléments de la logique qu'ils n'apprennent pas
actuellement s'ils quittent le lycée, comme c'est
l'habitude, soit au bout de quatre ans d'études
modernes, soit au bout de six ans d'études classiques une fois demi-bacheliers de rhétorique, ou
qu'ils apprennent mal, parce que précipitamment,
dans le cours de philosophie.

IV

La Commission de l'enseignement, pour des raisons que nous n'avons pas à discuter ici, a préféré à ce
système la division des six années d'études en deux
cycles de trois ans. Cette division, assurément, a ses
mérites, dont le principal est de consacrer l'esprit
même et la raison d'être de notre réforme, à savoir
*la diminution du nombre des années d'études, le
principe des deux cycles* complets par eux-mêmes,
et *la répartition naturelle des élèves suivant leurs
aptitudes.* Elle comporte en effet ces deux innovations capitales : 1° Par l'institution d'un premier
cycle « *la priorité accordée non au luxe, mais au
nécessaire dans l'instruction, de tous les élèves;* la
base solide donnée aux études secondaires et le
profil réel substitué au gaspillage de plusieurs

années pour ceux qui ne doivent pas faire d'études classiques ; 2° Par l'institution, à la fin de ce premier cycle, d'un examen strictement éliminatoire « *la barrière* » mise à l'entrée de l'enseignement secondaire supérieur et la *sélection* des élèves qui le recevront ; pour les autres une orientation purement pratique, appropriée à leurs aptitudes moindres, utile à eux-mêmes et utile au pays ; par suite, le déblayement des professions libérales et leur relèvement, la suppression presque totale des déclassés (1). »

La Commission n'a pas fait de révolution. Elle a cru qu'il valait mieux réparer l'ancien enseignement secondaire que d'en créer un. Elle s'est inquiétée des traditions universitaires et « elle a voulu ménager avec l'ancien état de choses des transitions ». Malgré les indications que lui donnaient les représentants les plus autorisés de la presse pédagogique, elle n'a pas cru qu'il fallût « jeter bas une bonne fois la vieille bâtisse, soigneusement nettoyer la place et reconstruire avec des pierres neuves (2). » Au lieu de regarder hardiment l'avenir, elle a préféré s'inspirer du présent et du passé. Elle a craint qu'une refonte complète du plan d'études ne vînt encore ajouter au trouble que les changements successifs des programmes ont jeté dans l'esprit des professeurs et des familles. Elle a pensé, suivant les conseils de

(1) M. Jamet, professeur au lycée de Tours.
(2) M. André Beaunier. *Écho de Paris.*

M. Boutroux, que « tout en ne touchant qu'avec modération aux formes extérieures, à l'organisation matérielle, elle pouvait introduire maintes réformes très réelles et très efficaces ». Elle n'a pas admis la reconstruction d'un édifice idéal où des esprits timorés pourraient voir plus de fantaisie individuelle que de sagesse novatrice.

Nous nous inclinerons devant les décisions de la Commission, persuadés que d'heureuses transformations pédagogiques et sociales sortiront de cette vaste enquête où les maîtres de la pensée moderne : MM. Lavisse, Berthelot, Gréard, Darboux, Croiset, Boutroux, Fouillée, Boutmy, Buisson, etc., sont venus apporter le meilleur de leur science, où les réprésentants des assemblées départementales et des Chambres de commerce ont mis au service de l'Université les secrets de leur expérience économique, où les universitaires de tous ordres ont été admis à formuler leurs critiques et leurs espérances, où les anciens Ministres de l'Instruction publique et les hommes politiques les plus éminents ont exposé leurs idées réformatrices.

L'essentiel est que l'esprit de la réforme soit admis par tous ceux qui auront la charge de l'appliquer, quelque place qu'ils occupent dans la hiérarchie universitaire. Le pays ne comprendrait pas qu'on ne tînt pas compte de ses réclamations unanimes. Si le Ministre de l'Instruction publique craint d'expérimenter cette réforme d'un seul coup, et dans toute la France, qu'il en fasse l'expérience dans telle académie qu'il lui plaira. Mais que cette expérience soit loyale. Les hommes de bonne volonté sont prêts à la mener à bonne fin. La Science commande. La Démocratie attend. La Réforme se fera.

PLANS D'ÉTUDES ET PROGRAMMES

I. — Les données objectives du problème.
— La définition sociale de l'enseignement secondaire.

II. — Le problème pédagogique — Humanisme et réalisme. — Le passé et le présent.

III. — Les propositions (d'après les documents de la Commission d'enquête). Plans d'études. — Les divers types d'enseignement. — Programmes et méthodes. — La sélection.

IV. — Les résolutions adoptées par la Commission.

V. — Conclusion.

I

LES DONNÉES OBJECTIVES DU PROBLÈME. — LA DÉFINITION SOCIALE DE L'ENSEIGNEMENT SECONDAIRE.

Les données objectives du problème.

La Commission appelée à discuter la réforme de l'enseignement secondaire a interrogé sur la question des plans d'études et des programmes des déposants venus de tous les points de l'horizon : Recteurs, professeurs du Collège de France, des facultés, des lycées et collèges, proviseurs, inspecteurs généraux, inspecteurs d'Académie, directeurs et professeurs d'institutions libres, laïques, prêtres, jésuites, frères de la doctrine chrétienne ; membres de l'Institut, publicistes, économistes, hommes politiques, anciens Ministres de l'Instruction publique ; Conseils généraux, Chambres de commerce, agriculteurs, industriels, pères de famille ; tous les déposants ont été écoutés avec une même attention sympathique. On rendra cette justice à la Commission, que jamais enquête ne fut plus et mieux documentée, ni plus impartiale et plus désireuse d'aboutir à la manifestation de la vérité.

Mais il était à craindre qu'une enquête si vaste n'aboutît à un entassement chaotique de dépositions contradictoires et que la Commission — avec plus de bonne volonté que de profit — n'édifiât quelque tour de Babel pédagogique. Or, il n'en a rien été ; et si grande que puisse être la part des divergences et des contradictions, c'est-à-dire des opinions personnelles, il reste — et cela est capital — que les données objectives du problème se dégagent nettement de l'ensemble des dépositions. Il y a accord unanime sur certains points essentiels, accord qui ne saurait s'expliquer par la rencontre d'opinions d'esprits si dissemblables, mais par l'adhésion d'observateurs sincères à l'évidence des faits.

Là où il y a contradiction, cela provient, le plus souvent, non de vues fausses, mais de vues incomplètes, chacun étant plus frappé, et parfois obsédé, par un aspect de ce problème si vaste et si complexe. Aussi n'est-il pas téméraire d'espérer tirer de cet amas imposant de documents pédagogiques et sociaux des conclusions nettes et cohérentes. Si l'éclectisme est une méthode fausse et inféconde, la synthèse qui concilie les contradictoires n'est-elle pas la loi même de la vie — et de l'action? C'est cette synthèse que je voudrais tenter, nullement dési-

reux de faire triompher une opinion personnelle
— ce qui ne saurait être le rôle d'un rapporteur
d'une Commission chargée d'intérêts si graves —
soucieux, au contraire, de faire une œuvre aussi
objective que possible.

C'est pourquoi je laisserai souvent — et parfois
longtemps — la parole aux déposants dont les avis
ont le plus frappé la Commission, trop heureux si
je puis ainsi permettre à la vérité de se dégager
d'elle-même des documents cités.

Je suis heureux d'ajouter que ma tâche de rapporteur a été singulièrement facilitée par la façon
dont M. le président de la Commission a dirigé l'enquête. Il eût été difficile de montrer, en cette difficile
fonction, plus de méthode, de précision, de netteté
et — pour tout dire, en un mot — d'autorité.

La définition sociale de l'enseignement secondaire.

1° L'organe et la fonction : double fonction de l'enseignement secondaire.

La science nous a appris que le besoin crée l'organe. Le sens commun nous dit que l'organe a pour
fonction de satisfaire au besoin.

L'enseignement secondaire, organe social, satis-
fait-il aux besoins sociaux? Voilà ce qu'il importe de
savoir d'abord et, pour cela, considérons la France
de 1900 à l'aube du vingtième siècle.

Héritière d'un glorieux patrimoine, la France d'aujourd'hui ne doit rien abandonner de la France d'hier. Or, le premier titre de gloire de notre pays, c'est sa prééminence intellectuelle et artistique : notre premier devoir est d'exiger de l'enseignement secondaire qu'il maintienne, dans l'ordre spéculatif, l'excellence du génie national. La haute culture, qui peut être un luxe pour l'individu, n'est pas un luxe pour la nation. C'est la première et la plus impérieuse des nécessités. Qui oserait proposer la déchéance de l'esprit français ?

D'autre part, il faut à la vie spéculative le large substratum de la vie économique. Si nous devons avoir le souci de conserver et d'accroître le trésor des richesses idéales de la France, nous ne devons laisser ni péricliter ni diminuer la production des richesses matérielles.

Ce dernier souci est d'autant plus pressant, que la lutte est plus ardente, et plus âpre la concurrence internationale. Or, dans la guerre économique, comme dans toute guerre, la victoire est en fin de compte aux mieux armés. Notre enseignement secondaire nous arme-t-il pour cette lutte, dont l'enjeu est l'accroissement ou le déclin de la richesse nationale ?

M. Blondel répond à cette question, avec l'autorité particulière que lui donne sa connaissance profonde de l'Allemagne contemporaine, qu'il est allé étudier sur place et sur laquelle il a publié de remarquables travaux :

« Une nation comme la France, étant donnés son rôle historique, ses aptitudes si variées, ses traditions et ses légitimes espérances, doit et peut aisément donner une *double orientation* à son activité.

« Elle peut, sans faire preuve d'ambition exagérée, prétendre conserver dans le monde une très haute influence intellectuelle, littéraire, artistique.

« Elle peut aussi prétendre lutter, avec plus de succès qu'elle ne le fait aujourd'hui, sur le terrain économique, industriel et commercial.

« Or, il est incontestable que notre enseignement secondaire nous prépare assez bien à la première de ces deux orientations et fort mal à la seconde. On doit reconnaître que notre enseignement actuel n'est pas suffisamment approprié aux besoins de notre époque. Il est, en partie, la cause de l'infériorité économique dans laquelle se trouve aujourd'hui la France, infériorité relative sans doute, mais très affligeante, quand on compare le développement si lent de notre industrie et de notre commerce avec les progrès considérables que font les peuples voisins, les Allemands surtout.

« A ce point de vue, il n'y a pas de distinction à établir entre les établissements religieux et les établissements de l'État. L'insuffisance des uns et des autres est manifeste. »

Les Chambres de commerce abondent dans le même sens :

« Les souffrances incontestables du pays au point de vue économique, la perte de son rang relatif parmi les nations dans le domaine de la production et de l'échange, bien qu'elles tiennent à des causes complexes, ne paraissent pas sans rapport avec le manque d'adaptation de l'enseignement public actuel aux besoins économiques du moment. » (*Chambre de commerce de Bordeaux.*)

« L'enseignement secondaire, classique ou moderne, ne donne pas de bons résultats au point de vue de la préparation générale aux carrières industrielles et commerciales, si l'on a en vue l'entrée directe et immédiate des élèves dans ces carrières à leur sortie des établissements universitaires. » (*Chambre de commerce de Marseille.*)

« Nous avons à nous occuper principalement de l'enseignement, au point de vue des intérêts de l'industrie et du commerce, et nous devons commencer par reconnaître que, malgré diverses modifications apportées depuis trente ans aux programmes de l'enseignement secondaire, les résultats sont restés les mêmes, insuffisants pour la préparation générale aux carrières industrielles et commerciales, vers lesquelles notre jeunesse n'est pas assez entraînée. Les professions libérales sont de plus en plus encombrées, le fonctionnarisme n'a pas diminué, et l'agriculture, le commerce et l'industrie n'ont pas cessé de réclamer des intelligences et des bras. Tels sont les résultats tangibles de l'étude trop généralisée du grec et du latin et des divers baccalauréats. » (*Chambre de commerce d'Angoulême.*)

« Notre pays a le devoir de se prémunir contre un double péril : l'affaiblissement de son influence intellectuelle, littéraire et artistique, et l'affaiblissement de sa puissance économique, industrielle et commerciale. Tout l'enseignement doit être orienté pour faire face à ces deux dangers et, par conséquent, il faut, tout ensemble, fortifier les études libérales et les études plus proprement utilitaires. » (*Chambre de commerce de Bourges.*)

L'Etat a donc un double devoir à remplir. Gardien de l'idéal, il doit demander à l'enseignement secondaire qu'il sauvegarde les destinées de l'esprit français ; comptable de l'avenir économique du pays, il doit exiger que cet enseignement se soucie de la vie pratique.

La définition sociale de l'enseignement secondaire se résumera donc en une formule, dont les deux termes apparaissent contradictoires, et qu'il faudra pourtant concilier : il doit être à la fois libéral et utilitaire.

Il serait oiseux d'objecter que l'utilitarisme n'est pas et ne doit pas être le fait de l'enseignement secondaire, mais bien de l'enseignement primaire supérieur et de l'enseignement professionnel.

Pédagogiquement, l'objection a sa valeur ; socialement, elle ne porte pas. Il suffit de rappeler ce fait
qu'aujourd'hui ce n'est plus 20.000 familles, c'est
200.000 qui envoient leurs enfants dans les lycées
ou collèges (universitaires ou congréganistes). Soit
vanité, soit désir d'égalité, soit amour du progrès
(la cause est indifférente, le fait seul importe) les
parents français préfèrent les établissements d'enseignement secondaire à l'école primaire supérieure.
A moins de faire une loi contre cette invasion, il
faut bien l'accepter et — si possible — la rendre
non seulement inoffensive, mais bienfaisante. Si
donc l'éducation désintéressée et libérale ne saurait
convenir à l'intégralité de cette population scolaire,
il est du devoir du législateur d'instituer au lycée
ou au collège — pour tous ou pour la majorité —
le problème reste à étudier — une éducation utilitaire et pratique.

2° Le déchet social de l'enseignement secondaire avant le baccalauréat.

Il ne suffit pas que l'organe soit apte à sa fonction. Encore faut-il que son activité soit propor-
tionnée aux exigences de l'organisme entier. L'atro-
phie et l'hypertrophie sont également nuisibles au
corps vivant, et la santé n'est qu'un harmonieux
équilibre. Or, dans la vie sociale, l'enseignement
secondaire (classique ou moderne) n'usurpe-t-il pas

une importance démesurée? C'est ici le lieu d'envisager à d'autres points de vue le fait cité plus haut, l'augmentation constante de la population scolaire des établissements d'enseignement secondaire.

1° Tous ces élèves sont-ils aptes à recevoir cet enseignement? Seront-ils capables d'aller jusqu'à la fin de leurs études et d'obtenir la sanction finale : le baccalauréat?

2° Ceux qui ont réussi à obtenir le baccalauréat trouvent-ils une place dans la société?

Sur le premier point, nous ne pouvons mieux faire que de citer la remarquable déposition de M. Buisson, ancien directeur de l'enseignement primaire, aujourd'hui professeur de pédagogie à la Sorbonne :

« — Me permettez-vous de donner un autre exemple de ces exigences sociales dont nous ne pouvons pas nous affranchir?

« Ne parlons plus des familles qui arrêtent prématurément des études classiques qu'elles auraient mieux fait peut-être de ne pas commencer. Parlons de celles qui vont jusqu'au bout. Elles ont confié leur fils à un établissement; elles entendent que l'établissement réponde et se charge de le mener jusqu'au terme, c'est-à-dire au baccalauréat. Elles ont raison, je le veux bien. D'où vient donc qu'il y ait tant de déceptions?

« Que de familles voient avec surprise et douleur le jeune homme qui devait leur faire honneur échouer piteusement au baccalauréat ! Il a pourtant « fait toutes ses classes ». Oui, mais ce que la famille n'a pas voulu comprendre, en dépit des bulletins trimestriels, des notes, des places et des moyennes annuelles, c'est que le jeune homme depuis long-temps « ne faisait rien. » On l'a laissé se traîner de classe en classe, comme s'il y avait une vertu éduca-tive dans le seul fait matériel de la présence sur les bancs. Le voilà au terme. Sur quoi compte-t-il ? Sur la chance du dernier jour. Et alors commence un grand effort, très peu intéressant, très peu profi-table, effort en vue de l'examen, effort de prépara-tion factice, à coups de mémoire et de bourrage. Ce chauffage des derniers mois ne répare rien, il aggrave le mal, car il substitue à l'étude la chance, au savoir l'aplomb, au travail le succès immérité.

« Et même à ce prix, au prix d'études manquées que remplace une « préparation » frelatée, com-bien réussissent, si l'on peut appeler réussite le diplôme ainsi gagné ?

« J'ai essayé de faire approximativement cette statistique sur les relevés publiés par le Ministère pour les deux dernières années. Les résultats peu-vent, en nombres ronds, se ramener à ceux-ci : 10.500 jeunes gens se présentent à la première partie du baccalauréat, 4.100 sont reçus au mois de juillet, 6.400 sont refusés. De ces 6.400, en novembre, il ne s'en représente plus que 6.000, soit déjà 400 qui y ont renoncé. Sur ces 6.000, 2.400 sont admis.

« Au total, avec les 400 qui ont renoncé, cela fait

un premier déchet de 4.000 *élèves sur* 10.500. Voyons-les l'année suivante, à la seconde partie : au lieu de 6.500, nous trouvons 7.000 candidats, 500 viennent donc de différentes provenances, ce sont ceux qui avaient échoué une fois, deux fois, trois fois de suite et qui recommencent. 3.700 sont reçus en juillet, 3 400 sont refusés ; en octobre, 1.600 sont reçus et 1.800 refusés. *Total des deux déchets réunis,* 5.200; total des bacheliers, 5.300.

« *M. le Président.* — Vous êtes bien sûr que ces résultats correspondent à la réalité?

« *M. Buisson.* — Je ne veux pas ennuyer la Commission du détail de ces chiffres; il est facile de les reconstituer par le Bulletin du Ministère, où je les prends.

« Pour le baccalauréat moderne, les chiffres correspondants seraient encore plus affligeants; je crois qu'il faut reconnaître que la moitié au moins des candidats restent en route.

« N'y a-t-il pas là un nombre effrayant de non-valeurs?

« Je dis que ce sont des non-valeurs *à ce moment,* parce que ce sont des jeunes gens qui n'ont pas songé à autre chose jusqu'à dix-huit, dix-neuf, vingt ans, qu'à conquérir ce mince diplôme, beaucoup avec l'espoir de continuer leurs études encore deux ou trois ans pour obtenir la dispense de deux années de service militaire. Tous ces plans s'écroulent s'ils ne sont pas même bacheliers. Et voilà les véritables déclassés. *Les déclassés ne sont pas,*

comme on l'a peut-être trop dit, les bacheliers; ce
sont ceux qui ayant prétendu au baccalauréat, ayant
passé toute leur enfance et toute leur jeunesse à s'y
préparer, finalement ne s'y présentent pas ou n'y
réussissent pas; c'est de ceux-là que le nombre est
énorme, et inquiétant, c'est ce nombre-là qu'il faut
absolument diminuer. »

3 Le déchet social de l'Enseignement secondaire après le baccalauréat.

Sur le deuxième point, M. Chailley-Bert, secré-
taire général de l'*Union coloniale*, professeur à
l'*École libre des sciences politiques*, a fait une déposition qui restera comme un des documents les
plus précieux sur la société française à la fin du
dix-neuvième siècle.

« Parmi les jeunes gens qui viennent auprès de
moi, soit à l'*Union coloniale française*, soit à mes
cours de l'*École des sciences politiques*, j'en vois
beaucoup qui, après avoir passé par l'enseignement
secondaire, sont, les uns, ce que j'appellerai des
non classés, c'est-à-dire des personnes qui, après
des études de huit à dix années, n'ont pas su se
faire une place dans la société; les autres, qui sont
des *déclassés*, c'est-à-dire qui sont sortis du milieu
auquel ils appartenaient sans arriver à prendre

place dans un autre. Et je crois que, pour un très grand nombre d'entre eux, on peut rendre responsable de cette situation l'enseignement secondaire lui-même.

« L'origine du mal provient de ce que l'enseignement secondaire, qui a été destiné d'abord à une sorte d'aristocratie, qui autrefois, il y a très longtemps, sous la règle jésuite et janséniste, était destiné à donner l instruction et l'éducation à une très faible portion de la jeunesse, soit à de futurs grands seigneurs, soit à des jeunes gens appartenant sans doute à des classes plus humbles, mais dans lesquels on avait remarqué un esprit distingué, de futurs prébendaires, de futurs bénéficiaires, quelquefois même de futurs parasites de la société, en un mot, je le répète, à une très petite partie de la population, cet enseignement a été, par suite de circonstances nombreuses, étendu à des classes infiniment plus larges.

« Les contingents, autrefois peu nombreux, sont devenus aujourd'hui très importants ; nous rencontrons dans nos lycées, à côté d'une petite élite de privilégiés de l'intelligence ou de la fortune, un contingent énorme de jeunes enfants qui, soit faute d'aptitudes, soit faute surtout de ressources, n'auraient pas dû suivre cet enseignement secondaire, n'ont pas en fait pu le suivre sans préoccupations, et qui, une fois sortis du collège ou du lycée, se trouvent dans la nécessité de gagner leur vie, s'aperçoivent trop tard des résultats médiocres que l'enseignement secondaire a donnés, en tant qu'il a négligé de les préparer à la vie, au genre de vie qui les attendait.

« Cette disproportion de l'effort tenté avec le résultat obtenu, ou plutôt cette divergence de la route suivie avec le but à atteindre, tient à des circonstances encore récentes, qui sont d'ordre social, devant lesquelles nous sommes obligés de nous incliner, mais qu'il importe de mettre en évidence et qui se résument en ceci : *l'enseignement secondaire est suivi par une majorité d'élèves à qui il ne convient pas, à qui même il est préjudiciable*, parce qu'il donne à leur esprit et à leur corps, à leur caractère, des habitudes que la vie contrariera et qui les gêneront, les retarderont ou même les arrêteront dans la vie.

« Quand l'enfant est sorti de l'enseignement secondaire, il a déjà au moins dix-huit ans, s'il est bachelier ès lettres des deux parties, dix-neuf ans s'il est en outre bachelier ès sciences : que va-t-il pouvoir faire ? Voilà la question qui se pose devant lui et devant la famille et devant la société.

« On lui a dit que le baccalauréat, sanction de l'enseignement secondaire, lui ouvrirait toutes les portes ; il se tourne vers le monde et il s'aperçoit que le baccalauréat ne lui en ouvre aucune ou presque aucune. Cette constatation faite, de deux choses l'une : ou c'est un garçon d'une intelligence supérieure à la moyenne et immédiatement, faute de trouver autre chose, il continuera ses études, il se lancera à la conquête de quelque licence ou de quelque doctorat, ou bien c'est un garçon d'intelligence médiocre, qui ne tardera pas à se décourager et végéter, en attendant l'heure d'entrer pour trois années au service militaire.

« Objectera-t-on qu'il y a des écoles de commerce où il lui est loisible d'entrer.

« Ces écoles de commerce reconnues par l'Etat voient affluer dans leurs classes des jeunes gens qui n'ont certes pas le génie du commerce, qui même souvent n'en ont pas les aptitudes et ne posséderont peut-être jamais les ressources nécessaires pour s'établir. Ils entrent dans ces écoles par la voie du concours; ils apprennent du commerce tout ce qui peut s'apprendre dans une école, mais ils en ignoreront tout ce qui s'apprend dans la pratique : car ils ne seront pas commerçants. Ils l'ont, au concours, en bons élèves qu'ils sont, emporté sur d'autres, moins bien doués pour subir une épreuve de ce genre, mais peut-être mieux armés pour faire plus tard de bons commerçants. Ils les ont écartés. Ils les ont privés du bénéfice des études de l'école et de celui de l'exemption de deux années de service militaire ; mais ils ne seront pas pour cela commerçants. Ils invoqueront le plus souvent, ils se contenteront d'invoquer le diplôme que l'école de commerce leur a délivré, pour réclamer une place. En sorte que cette loi militaire de 1889 contribue à nous préparer une classe de *fonctionnaires* jusqu'ici encore inconnue, *un fonctionnarisme nou-*

veau, le fonctionnarisme commercial (1), à l'usage de jeunes gens qui, entrés au concours dans les écoles de commerce reconnues par l'Etat, n'avaient pas cependant les qualités nécessaires pour devenir plus tard des intéressés ou des associés dans les maisons de commerce.

« Il fut un temps où un jeune homme, sorti de l'enseignement après avoir fait de bonnes études et avoir pris et montré des habitudes de travail, avait plus de chances qu'aujourd'hui pour trouver dans le commerce et dans l'industrie certains débouchés. C'est le temps, pas encore très loin de nous, où une certaine oisiveté élégante n'était pas encore, comme elle l'est devenue aujourd'hui dans notre pays, une cause de déconsidération. Un homme qui avait travaillé ne s'indignait pas alors que son fils ne fît rien. Et je n'étonnerai pas la Commission — je serai même soutenu par l'un de ses membres que je vois en face de moi, par M. Aynard — en disant que, pendant longtemps, le grand commerce et la grande industrie n'ont pas eu pour habitude régulière de se recruter de père en fils. Il a été dressé, notamment à Lyon, une statistique des « raisons commerciales » qui a démontré que le cas où le fils succédait au père a été, pendant très longtemps, infiniment rare; si je ne me trompe, la proportion était de 3 ou 4 0/0.

(1) Il ne faut pas davantage encourager le fonctionnarisme agricole et le fonctionnarisme colonial.

« *M. Édouard Aynard.* — C'est moi qui ai établi cette statistique. C'est à Lyon que la proportion est la plus forte, tout en étant très faible ; j'avais pris, comme base, 1,000 maisons commerciales de Lyon.

« *M. le Président.* — C'est d'ailleurs un fait certain.

« *M. Chailley-Bert.* — Cette situation, tout à fait regrettable à beaucoup d'égards, avait, par contre, des avantages. Il en résultait, pour les enfants de cette démocratie montante qu'a toujours été la France, pour ceux dont les parents n'étaient pas riches, mais qui avaient fait de bonnes études, il en résultait un large débouché. Ces jeunes gens, ayant fait au collège, au lycée, dans les écoles, leurs preuves de travail et d'intelligence, pouvaient se présenter dans les grandes maisons de commerce et d'industrie dont les fils mêmes de patrons désertaient la direction ; ils se présentaient donc dans ces maisons, non pas en prétendants immédiats à la direction ; mais, si je puis dire, en pupilles de choix, en apprentis-patrons de l'avenir, qui seraient formés par le patron, pour devenir plus tard d'abord intéressés, puis associés, et arriver ensuite, couronnement de carrière, à la situation de patrons eux-mêmes.

« C'est ainsi que nos grandes écoles, l'Ecole polytechnique, l'Ecole centrale et bien d'autres, étaient une pépinière pour le recrutement des premières places dans le haut commerce et dans la haute industrie.

6

« Cette situation s'est modifiée sous l'influence de conditions sociales que vous connaissez beaucoup mieux que moi et dont les principales sont, d'abord, la baisse du taux de l'intérêt et ensuite cette sorte de mépris dans lequel, comme je le disais tout à l'heure, la société aujourd'hui commence à tenir les oisifs.

« Cette diminution du nombre des oisifs de plaisir, — circonstance heureuse pour la nation — a eu une conséquence à première vue préjudiciable à la démocratie. Tous ces beaux fils qui, auparavant, refusaient d'entrer dans la carrière paternelle du commerce, de l'industrie ou de la banque, et qui, par suite, laissaient la porte ouverte aux fils de la démocratie, élèves de notre enseignement secondaire ou supérieur, tous ceux-là sont aujourd'hui, et par les circonstances, et par leurs préférences mêmes, inclinés à continuer l'œuvre paternelle, à succéder à leurs pères. Par suite, le commerce, l'industrie, la haute banque se recrutent désormais pour ainsi dire parmi leurs propres membres : il faut être le fils, le neveu, le filleul ou l'ami d'un homme dans les grandes affaires pour pouvoir y entrer soi-même avec l'espoir d'arriver à s'y faire une situation; et il est à peu près impossible à un jeune homme d'un autre milieu, à un fils, par exemple, de professeur, de fonctionnaire — à moins de circonstances exceptionnelles — de se dire : « Je m'en vais entrer dans le commerce par la grande porte, je vais faire partie du grand état-major commercial et, rapidement, j'y conquerrai une situation. » Cela n'est plus de ce temps.

« Il en résulte que les jeunes gens se tournent d'un autre côté.

« Faute de pouvoir entrer dans le commerce par la grande porte, de débuter, comme je le disais tout à l'heure, par les postes d'état-major, ils sont obligés de débuter par les petits emplois ; je ne dis pas dans des emplois répugnants, car rien n'est répugnant pour qui fait son devoir, mais dans des places humbles, obscures, qui leur feront parcourir une voie modeste, avec un avancement difficile et des émoluments médiocres. Ils n'auront pas, ils le savent, la perspective de devenir un jour des chefs, des hommes indépendants ; ils seront toute leur vie des subalternes, honorés, sans doute, et considérés, mais enfin des subalternes. A ce moment-là, toute cette éducation, fruit de cet enseignement secondaire qu'ils ont suivi, surtout s'ils ont été bons élèves, avec tant de plaisir et de joie intérieure, tout cela pèse lourdement sur eux. On ne les avait pas préparés à ce genre d'existence.

« Ainsi, vous le voyez, voilà que se précise très nettement mon premier grief contre l'enseignement secondaire. Je lui reproche, quel qu'il soit, classique ou moderne, de ne pas acheminer les jeunes gens aux besognes de la vie, de ne pas les incliner doucement vers elles, de les éloigner d'elles, de les élever au-dessus d'elles, de leur laisser croire qu'ils sont supérieurs à elles.

« Et ce résultat de l'enseignement secondaire est fatal. Il est indépendant du maître, il tient à l'air respiré ; il tient au milieu, à la fréquentation. Prenez un jeune homme d'humble condition ; mettez-le, plongez-le durant quelques années dans la société riche et élégante ; en vain vous lui prêcherez plus tard les goûts modestes et l'amour de la simplicité, son âme sera imprégnée de luxe et de mondanité. De même, l'écolier de l'enseignement secondaire. On l'a fait vivre durant sept ou huit années avec l'élite de l'humanité ; on l'a promené sur les sommets de la pensée humaine ; on a déformé son âme, ennoblie sans doute, mais, en un certain sens, amollie ; on lui a donné des émotions inconnues, entr'ouvert des joies mystérieuses, préparé pour les jours de tristesse des retraites sûres loin de la vie et de l'activité ; on l'a élevé au-dessus de sa condition d'hier et de celle de demain ? on a renversé les plans de l'existence ; on a tout mis au-dessous des choses de l'esprit, on l'a ineffaçablement marqué pour la contemplation de la vie spéculative.

« S'il en est qui échappent à cette règle, c'est qu'ils ont échappé à l'action de l'enseignement secondaire ; le système d'éducation n'a pas eu de prise sur leur esprit ou trop paresseux ou trop pratique. Quant aux autres, d'instinct ils se détournent des carrières où, pour réussir, il faut engager l'être entier, corps et esprit ; ils s'acheminent vers celles où l'on ne donne guère qu'une partie de soi-même.

(et c'est à cela qu'il faut attribuer le fonctionnarisme lettré, qui a toujours caractérisé l'adminis-
tration française). En un mot, ceux que l'enseignement secondaire a pénétrés ne peuvent être que
des lettrés, des professeurs, des « carrières libérales », des fonctionnaires, non pas des produc-
teurs de richesses matérielles et d'énergie sociale :
industriels, commerçants, colons.

« La vie les pousse cependant vers des rôles qui
ne sont pas à leur convenance. Mais comme je le
disais, dans le commerce et dans l'industrie, ils ne
peuvent plus être d'emblée capitaines ou seulement
lieutenants ; il leur faut débuter comme soldats. Ils
s'y résignent. Mais, en tant que soldats, les patrons
préfèrent à ces « *résignés* » — et voilà mon second
grief contre l'enseignement secondaire, qui retient
les jeunes gens si tard à l'école, loin de la vie — à
ces résignés les patrons préfèrent des jeunes garçons
de quinze ans, fils de l'enseignement primaire,
souples, malléables, sans préjugés, dont la moindre
place remplit toute l'ambition, qui feront avec joie
la besogne quotidienne et ne seront pas sans cesse
à compter les jours qui passent, attendant, avec impatience et bientôt avec irritation, un avancement
qui satisfasse leur vanité et leurs besoins.

« En sorte que ces produits de l'enseignement
secondaire, qui ont cru déchoir en se résignant à
ces besognes obscures, ne sont même pas aptes à
les bien faire : ils sont surchargés d'un poids mort
qui les retarde. Ils seront dépassés par une foule de

jeunes gens dont l'esprit est moins orné et l'âme moins sensible. Ils risquent de faire des *mécontents et même des ratés*.

« Si les élèves de l'enseignement secondaire n'étaient qu'un petit nombre, ce ne serait là qu'un faible inconvénient; mais, au contraire, la population scolaire qui suit cet enseignement est très considérable ; et dans cette population il existe une très forte proportion (60 à 70 0/0, si j'en crois mes souvenirs d'écolier de province) de jeunes gens qui sont dans la condition que j'ai indiquée plus haut, c'est-à-dire qui n'ont ni cette intelligence de haute envergure qui leur permettra de profiter de tout l'enseignement secondaire et ensuite de s'envoler vers l'enseignement supérieur, ni une situation de fortune suffisante pour vivre plus tard en indépendants, sans avoir à utiliser comme gagne-pain des connaissances acquises. Pour reprendre ce que je disais au début, l'enseignement secondaire reçoit parmi ses écoliers non pas seulement des enfants à la fois intelligents et riches ou des enfants seulement intelligents, — les deux seules classes auxquelles il peut convenir, — mais des enfants qui ne sont que riches sans être intelligents, et d'autres qui ne sont ni riches, ni très intelligents. Pour les riches inintelligents, si les études de l'enseignement secondaire ne leur profitent pas, il n'y a que demi-mal : leur bêtise plus ornée sera plus ridicule, mais la société n'en souffrira pas ; ils ne seront ni des déclassés, ni des non-classés : un homme riche est toujours classé dans une société. Au contraire, pour les jeunes gens de condition moyenne et de moyenne intelligence, si, au sortir du lycée et de la faculté, qui souvent en est la suite, ils se voient déçus dans toutes leurs espérances, ils ont le droit d'accuser l'enseignement secondaire de les avoir mal préparés à la vie. Et c'est là tout mon grief contre cet enseignement. »

Mêmes doléances dans les rapports des Chambres de commerce et des Conseils généraux.

« La connaissance des langues anciennes ne profite qu'au très petit nombre qui s'y applique au cours de ses études et qui en tire ultérieurement parti soit pour ses occupations professionnelles, soit pour la culture générale de l'esprit. Le reste aura appris peu de chose, n'en retient presque rien, et plus tard se demande pourquoi il a passé tant d'années à se frotter à des livres dont la matière lui est demeurée presque étrangère. Des résultats aussi médiocres font prononcer souvent la condamnation de l'enseignement classique. Il est regrettable que dans le grand nombre de ceux que leurs parents mettent à même de recueillir un si grand profit intellectuel, si peu en aient le bénéfice. » (*Chambre de commerce de Rouen.*)

« L'enfant ne sait pas (comment, tout à fait inexpérimenté, s'en rendrait-il compte ?) que l'instruction des lycées, des collèges, conduit plutôt à des désillusions et quand il s'en aperçoit, il est trop tard, le mal est fait. » (*Chambre de Commerce de Gray*.)

Qu'est-il besoin d'ajouter à ces réquisitoires? Qui pourrait nier, après les avoir lus, *le méfait social de l'enseignement secondaire?*

Rien que dans l'enseignement classique latin, 5,200 *non bacheliers contre* 5,300 *bacheliers.* Et sur ces 5,300 bacheliers, la moitié au moins de médiocres, à qui le baccalauréat ne saurait conférer ni une valeur intellectuelle, ni une utilité sociale. Déchet avant le baccalauréat, déchet après, déclassés, non classés, ratés ou déformés, quel cortège de futurs parasites traîne après lui notre enseignement classique! Pour les élèves et pour leurs parents, que de cruelles déceptions, et pour la société, quel gaspillage et quelle déperdition d'énergies!

Jusqu'ici l'Université ne s'est guère préoccupée du sort des malheureux qu'elle recrute *invita Minerva*, et qu'elle prétend initier, en dépit qu'ils en aient, aux beautés des lettres gréco-latines. Il faut dire à son honneur qu'elle s'en préoccupe aujourd'hui, ainsi qu'en témoignent les dépositions des plus éminents parmi ses membres. Il n'y a plus, j'aime à le croire, d'humanistes assez fanatiques pour accepter d'un cœur léger de tels sacrifices humains, comme si fatalement le sacrifice des « âmes viles » devait être la rançon de cette aristocratie qui s'élève par les lettres antiques, au plus haut degré de perfection humaine! (*humaniores litteræ.*)

Sans doute le premier remède au mal est dans une réorganisation de l'enseignement secondaire mieux adapté à la fois aux besoins sociaux et aux facultés des élèves. Mais il faudra de plus trouver le moyen de le désencombrer, de réduire ses contingents par une *sélection et une élimination* telle que ceux-là seuls puissent s'y maintenir et persévérer qui auront prouvé leur aptitude à le recevoir avec profit pour eux-mêmes et pour la société.

Trop de candidats au baccalauréat qui ne seront jamais bacheliers, trop de bacheliers qui ne trouveront pas à gagner leur vie, voilà une pléthore funeste à laquelle il faut remédier. Il y a disproportion entre l'offre et la demande, il y a rupture d'équilibre. Il est urgent de rétablir la proportion et l'équilibre pour ramener à la santé l'organe et l'organisme.

4º **La solidarité des divers ordres d'enseignement : continuité du primaire et du secondaire.**

Enfin il est naturel et logique que les divers organes d'un même corps loin de se contrarier harmonisent leurs efforts et combinent leurs mouvements. Dès lors, l'enseignement secondaire ne doit pas s'isoler et s'abstraire orgueilleusement ; il doit, surtout dans une démocratie qui met son honneur à donner et même à imposer à tous l'instruction, être le prolongement normal de l'enseignement primaire.

« Si ce fait est bien établi, ne va-t-il pas influer sur notre conception du lycée ? Pouvons-nous encore nous le représenter comme réservé à un petit groupe de privilégiés et n'ayant à s'occuper que de ceux-là ? Mais non. Il faut et il faudra de plus en plus qu'il s'ouvre à tous. Pas plus pour les enfants, encore moins pour les enfants que pour les hommes il ne doit y avoir de distinction de classes dues à la puissance et à la fortune. Que ce soit ou non leur véritable intérêt, tous également doivent avoir libre accès à l'enseignement secondaire sans que nulle barrière artificielle s'interpose. Et voilà de suite éliminés tous les systèmes qui tendent plus ou moins clairement à cette chimère de constituer d'abord une élite d'élèves à laquelle sera réservé un enseignement d'élite. Ce n'est plus possible chez nous. L'élite, on ne sait pas où elle est aujourd'hui, où elle sera demain ; il faut que le lycée, comme la société, contribue à la faire, mais la laisse se faire toute seule (1). »

Il faut donc qu'un bon élève de l'enseignement primaire puisse accéder sans difficulté à l'enseignement secondaire, soit classique, soit moderne. Sans prendre parti pour ou contre l'une ou l'autre de ces

____

(1) Buisson.

deux formes d'enseignement, nous ferons remarquer tout de suite que cette nécessité de la continuité du primaire et du secondaire s'oppose radicalement au rétablissement du latin en septième. Il serait antidémocratique au premier chef de créer par là un privilège en faveur des favorisés de la fortune qui peuvent faire leurs premières études au lycée, et au détriment des élèves de l'école primaire qui, non initiés aux rudiments du latin ne pourraient entrer de plain pied en sixième.

S'il est juste d'imposer à tous le même enseignement primaire, il ne faut pas que les classes primaires du lycée diffèrent de l'école primaire voisine. L'enseignement secondaire s'offrira donc à tous, quelles que soient les origines, sans distinction, et par conséquent, sans injustice.

Le même principe de justice et de solidarité exige que les programmes de l'enseignement secondaire soient ainsi faits, qu'un élève distingué de l'école primaire supérieure puisse passer au lycée et parfaire ses études sans solution de continuité. Pourquoi cet élève serait-il considéré comme un intrus, s'il mérite d'être adopté et si, par ses aptitudes littéraires ou scientifiques, il s'est montré capable de faire honneur à l'enseignement secondaire classique ou moderne ?

M. le Président. « Considérez-vous qu'on puisse rapprocher, en faisant de l'un la suite de l'autre, l'enseignement primaire supérieur et les classes supérieures modernes ?

M. Buisson. « Cela me paraît être un des *plus grands besoins de la France scolaire en ce moment.*

« De même que de l'enseignement primaire élémentaire on peut passer au primaire supérieur, il faudrait que du primaire supérieur on pût passer à l'enseignement moderne. Nous avons trop de compartiments, trop de cloisons étanches, pas assez de communications. Evidemment ces passages d'un cadre à l'autre ne seraient pas faciles dans l'organisation actuelle, qui s'attache à les différencier. Pour rendre la chose possible, facile même, d'après le témoignage de très bons juges, il y aurait des adaptations à faire, des correspondances à établir, tout un travail de programmes assez minutieux, je crois. *Le jour où on le prescrira à l'Université,* elle le fera, et elle le fera bien. Il est très désirable qu'on le lui demande, car actuellement il y a un trop grand nombre d'enfants qui ne peuvent pas bénéficier de leurs études, uniquement parce qu'il leur manque quelques mois de scolarité, ou bien parce qu'ils n'ont pas prévu qu'ils auraient besoin de telle ou telle matière, d'une langue vivante par exemple, ou parce qu'ils n'ont pas été prévenus à temps de telle ou telle condition requise pour entrer dans telle carrière. Il en est qui, faute de pouvoir être admis à quinze ans au collège, en sortant de l'école primaire supérieure, doivent renoncer au baccalauréat qu'ils auraient facilement obtenu en quelques mois. Cela ne devrait pas être.

« C'est un meurtre de laisser ainsi en détresse de braves enfants de la classe moyenne, faute d'avoir mieux aménagé les transitions et ouvert à chacun sa voie. Dans un système d'établissements scolaires bien gradués et bien hiérarchisés, *il ne doit plus y avoir d'impasses.* ».

Telle est la définition sociale de l'enseignement secondaire. Ce qui doit déterminer ses formes et ses programmes, ce ne sont ni les préférences de l'Université, ni les doctrines de tel ministre ou de tel pédagogue : ce sont les conditions de la société, ce sont les faits sociaux. Bon gré, mal gré, il faut que la pédagogie s'y adapte. Que l'Université abjure — et c'est plus qu'à moitié fait — ses préjugés aristocratiques sur l'éducation « libérale » ; qu'elle élargisse son idéal et qu'elle consente à préparer et à former — non plus comme naguère une catégorie de l'élite — mais l'élite tout entière..

« Cette élite (1), comprend non seulement les futurs savants, les futurs écrivains, les futurs artistes, les futurs fonctionnaires de divers ordres ; mais elle renferme aussi les chefs de toutes les professions, sans exception aucune : finances, commerce, transports, industrie, agriculture, colonisation, tout ceux enfin qui, par leur intelligence, leur fortune, leur notoriété, leurs loisirs, peuvent exercer une influence sur leurs compatriotes. »

Voilà ce qu'est l'élite dans la démocratie mo-

______

(1) Foncin.

derne. L'université a trop de science et de conscience pour ne pas se convertir à l'évidence des
faits. Nous osons dire, avec une pleine et entière
confiance, qu'elle ne trahira pas les intérêts de la
France et de la démocratie.

LE PROBLÈME PÉDAGOGIQUE : HUMANISME ET « RÉALISME ». LE PASSÉ ET LE PRÉSENT

1° *Le Passé.* — Né du manque d'adaptation aux conditions sociales, le malaise de l'enseignement secondaire ne date pas d'aujourd'hui : il date de trois siècles. Il existe à l'état latent sous l'Ancien Régime ; à l'état symptomatique depuis la Révolution ; à l'état aigu aujourd'hui. Tiraillé entre la direction libérale et la direction utilitaire, entre la préparation à l'enseignement supérieur qui lui paraît son office propre et la préparation à la vie pratique à quoi il répugne, l'enseignement secondaire n'a pas encore trouvé sa formule libératrice et définitive.

Rien n'est plus instructif que l'histoire de cette lutte entre l' « humanisme » et le « réalisme », ces deux tendances antagonistes, aussi légitimes et aussi invincibles l'une que l'autre, les mêmes dans tous les pays civilisés.

Depuis la Renaissance (1), le collège d'enseignement secondaire est conçu et organisé par les jésuites comme *uniquement préparatoire à l'enseignement supérieur*. L'enseignement est le même partout : beaucoup de latin, un peu de grec, un peu de mathématiques, avec une durée de six années, au bout desquelles le jeune homme obtenait une *lettre testimoniale* lui permettant de prendre dans l'Université ses grades.

On est arrivé ainsi jusqu'en 1789. La Révolution eut alors une occasion excellente de réorganiser tout notre enseignement par la suppression des ordres religieux qui en avaient le monopole. Malheureusement la Révolution ne sut encore concevoir l'enseignement secondaire que comme une préparation à l'enseignement supérieur. Pour Talleyrand, *l'école moyenne secondaire* « est destinée à ceux qui n'étant appelés ni par goût, ni par besoin à des professions mécaniques, aspirent à d'autres professions, le ministère ecclésiastique, la médecine, le barreau, la chirurgie ».

La Révolution en supprimant les ordres religieux conservait « la pédagogie qui faisait des moines »..., et des fonctionnaires. Si bien que Roger Martin, rapporteur de l'Instruction publique au Directoire,

(1) Je résume ici l'exposé historique si substantiel et si lumineux de M. E. Bourgeois, maître de conférences à l'Ecole normale supérieure.

pouvait dire à la fin de la Révolution : « Tout le cours de l'Instruction publique, hors celui d'apprendre à lire et à écrire, est interdit aux enfants d'une foule de citoyens aisés sans être riches, pouvant sacrifier quelque temps et quelques avances à perfectionner leur éducation après l'école primaire ».

Ainsi la Révolution, qui a tant fait pour l'enseignement primaire et l'enseignement supérieur, n'a rien fait pour l'enseignement secondaire.

L'Empire à créé les *Lycées*. Ce mot a été depuis 1802 la source d'une confusion qui dure encore. Pour Napoléon, le lycée devait être un établissement *exclusivement* destiné à lui former par une bonne culture classique, des fonctionnaires et des officiers pourvus des connaissances nécessaires aux études supérieures.

Le lycée devait rester une *exception* et n'était pas établi pour donner un enseignement *moyen secondaire* (36 lycées en province, 5 à Paris). Cet enseignement secondaire moyen, Napoléon ne l'institua pas plus que la Révolution.

Vers 1823, Guizot, Charles Renouard, Saint-Marc Girardin, Cousin se préoccupent de la question. « N'y a-t-il pas dans notre système d'instruction publique, entre les écoles primaires et les collèges consacrés aux études classiques, une *immense et déplorable lacune* qu'il serait utile de combler ? » (*Tablettes universelles*, 1823). — « En France, entre l'instruction primaire et celle de nos collèges, *il n'y a rien*. Un cri s'élève d'un bout de la France à l'autre et réclame quelque chose. » (Cousin.)

Mais (en 1833), pour remédier à ce mal et combler cette lacune, fut commise une faute capitale dont les effets durent encore.

Guizot créa cet enseignement secondaire moyen destiné à la moyenne de la nation et qui ne fut plus seulement un enseignement d'exception préparant à l'enseignement supérieur. Mais, au lieu de l'appeler : *enseignement secondaire intermédiaire*, comme le proposaient Saint-Marc Girardin et Cousin, Guizot, n'osant pas donner le privilège de l'enseignement secondaire à cet enseignement intermédiaire, l'appela « primaire supérieur ». On eut beau écrire *primaire* en petites lettres et *supérieur* en très gros caractères, le nouvel enseignement était discrédité d'avance. Cousin l'avait prédit : « Il faut un nom qui puisse plaire à la vanité des familles. » — Dès lors cet enseignement, — par cela même qu'il était primaire — restait sans clientèle. Frappé de ce fait, Villemain, alors ministre (1841) se dit : « Puisque c'est l'aspect primaire élémentaire et le nom qui détournent les familles du nouvel enseignement, il faut le rattacher au collège classique dans le même local, sous la même direction, avec les mêmes maîtres. » Ce fut la seconde faute, qui aggrava le mal au lieu de le corriger. Cet enseignement sans sanction, méprisé, que M. de Salvandy appelle *spécial* en le réorganisant (1847), était dans une situation tout à fait fausse.

En 1864, Duruy tenta encore une fois d'établir cet enseignement secondaire destiné aux futurs agriculteurs, commerçants, industriels. Il eut le tort de lui conserver ce nom de *spécial*, qui est un contre-sens. « L'Université (1) presque tout entière lui fit une guerre acharnée. Et le nouvel enseignement malgré des prodiges d'ingéniosité et de patience, malgré le dévouement et la foi de ses maîtres, et bien que des résultats considérables fussent obtenus, ne tarda pas à succomber. »

Il a disparu ; à sa place on a mis l'enseignement moderne (1886-1891), qui est tout autre chose. C'est un enseignement classique nouveau, en concurrence avec l'enseignement classique traditionnel — et comme celui-ci il prétend conduire à l'enseignement supérieur et de là à l'obtention de tous les grades.

La conclusion de cet exposé historique — qui nous aide à mieux comprendre la situation présente — c'est que depuis trois siècles la nation n'a pu obtenir ni de l'Etat, ni de l'Université cette *éducation moyenne* qui est un des besoins les plus pressants de l'économie nationale. Depuis trois siècles l'enseignement secondaire n'a été qu'une préparation à l'enseignement supérieur et jamais une préparation à la vie pratique, aux carrières actives. Qu'on s'étonne après cela qu'il y ait toujours eu en France trop de candidats aux fonctions libérales ou idéologiques et pas assez aux fonctions productives.

(1) Lavisse.

Cette réforme de l'enseignement secondaire, que nous n'avons jamais su faire chez nous, a été, il y a plus d'un siècle, réalisée en Prusse par Frédéric le Grand et son ministre Zedlitz, puis bientôt, à l'imitation de la Prusse, adoptée par tous les Etats allemands (1) « Cette réforme fut une modification des plans d'études dans un sens à la fois plus *scientifique et plus utilitaire*, plus *réal*, disent les Allemands, plus moderne, disons-nous aujourd'hui. De là datent la fondation et le développement des écoles réales d'une part, et, d'autre part, la réorganisation des études humanistes pour les gymnases. »

2° *Le présent.*

Avant de chercher ce que l'enseignement secondaire doit être demain, voyons ce qu'il est aujourd'hui.

Officiellement, il y a dans les lycées et collèges deux enseignements : le classique et le moderne.

Officieusement, certains établissements ont tenté, avec plus ou moins de succès, d'instituer à côté du moderne un enseignement plus pratique et plus court, et qu'on a nommé enseignement moderne B, pour le différencier du type officiel qui s'intitule moderne A. Sous un nouveau nom, c'est la résurrection de l'ancien enseignement *spécial*. Ces tentatives ont une signification très nette ; elles attestent, avec la force du *fait*, cette vérité, que nous

(1) Pinloche, *l'Enseignement secondaire en Allemagne.*

nous sommes efforcés de prouver plus haut par *raison démonstrative* : la nécessité d'un enseignement utilitaire, nécessité si évidente et si impérieuse, que l'Université, pourtant si conservatrice et si prudente, a pris sur elle-même de la reconnaître et de s'y soumettre.

L'enseignement classique et l'enseignement moderne se partagent à peu près également la population des lycées et collèges. Remarquons toutefois une différence de proportion : dans les collèges, 2/5 pour l'enseignement classique et 3/5 pour l'enseignement moderne ; inversement dans les lycées, 2/5 pour l'enseignement moderne et 3/5 pour l'enseignement classique.

Toute la différence, dans ce dernier cas, tient à Paris, où le moderne s'est constitué très tard, quand la place était déjà prise par Chaptal, J-B. Say, Turgot, Arago et les autres grandes *écoles municipales* (1).

(1) Voici d'après la dernière statistique officielle (5 novembre 1900) l'effectif scolaire des deux enseignements, classique et moderne.

En 1900-1901

Lycées............... { *Classiques* 19.707 élèves.
                  { *Modernes* 14.963   —

Collèges............ { *Classiques* 9.000   — environ.
                { *Modernes* 14.000   —   —

De 1898 à 1900

L'enseignement *classique* descend de 20.597 élèves } perte. 890
                               à 19.707   —
L'enseignement *moderne* va de 14.193   — } gain.. 772
                               à 14.968   —

La vitalité de l'enseignement moderne ne saurait être plus éloquemment affirmée que par cette simple statistique.

Chacun sait que la différence essentielle entre ces deux enseignements, c'est que la base de l'un est le latin et que la base de l'autre est le français et les langues vivantes.

Tous deux d'ailleurs sont des enseignements classiques, c'est-à-dire, préoccupés avant tout de former l'esprit, de le préparer à la haute culture. Les méthodes diffèrent, mais le but est le même.

Il n'y aurait aucun mal à cette dualité si les deux enseignements étaient également *excellents*, si la diversité des méthodes produisait l'*équivalence* des résultats : Le corollaire serait l'*égalité de sanctions*, c'est-à dire le libre accès à l'enseignement supérieur sous toutes ses formes.

Or c'est précisément là que gît toute la difficulté. Théoriquement, on discute encore sur la valeur réciproque des deux enseignements : c'est l'éternelle querelle des anciens et des modernes. Pratiquement, l'Etat prend parti en consacrant officiellement — par l'inégalité des sanctions — la supériorité *effective* d'un enseignement sur l'autre (1). Et c'est de cette inégalité que naît la crise pédagogique de l'enseignement secondaire, en tant qu'enseignement préparatoire à l'enseignement supérieur.

(1) On verra plus loin les avantages faits aux élèves classiques pour l'entrée à l'Ecole polytechnique.

L'État, qui a institué l'enseignement moderne à côté de l'enseignement classique, a manqué de décision ou de franchise. Comment ! disent les défenseurs de l'enseignement moderne, vous admettez qu'un bachelier moderne est capable d'entrer à l'École normale supérieure (sciences), à la Faculté des sciences, à toutes les écoles scientifiques et il serait incapable d'entrer aux facultés de Médecine et de Droit. Il pourra être professeur, officier, ingénieur et il ne pourrait être médecin ou avocat. Vous avez trop donné — ou pas assez : trop si l'enseignement moderne n'est pas un enseignement capable de mener à l'enseignement supérieur; pas assez s'il en est capable. Dès lors le dilemme vous presse : il faut ou donner vie pleine et entière à l'enseignement moderne, ou le supprimer. Il est temps de prendre parti.

Le régime actuel de la dualité et de l'inégalité est intolérable. C'est le régime du privilège et de l'injustice. Et ceux qui en·pâlissent ont d'autant plus raison de se plaindre qu'ils n'ont aucun moyen d'y échapper.

Une fois entré dans l'enseignement moderne (il faut se décider à douze ans!) l'enfant a pris une détermination définitive. Il s'est condamné — sans appel — à l'enseignement moderne à perpétuité. Les deux enseignements se donnent bien dans le même établissement, lycée ou collège, mais ils sont juxtaposés et parallèles, et à aucun moment des études, il n'y a entre eux possibilité de communication. Impossible de changer si, chemin faisant, on s'aperçoit qu'on s'est trompé de route. Et pourtant, dit le sage, il est humain d'errer et diabolique de persévérer !

On comprend dès lors que les parents hésitent avant de confier leurs fils à l'enseignement moderne. Il est toujours grave de brûler ses vaisseaux, et c'est ce que l'Etat demande aujourd'hui à un enfant de douze ans ! Dans ces conditions, le recrutement ne se fait pas d'une façon normale — et loyale.

3° *L'exemple de l'Allemagne.*

L'égalité de sanction ou la suppression de l'enseignement moderne considéré comme classique, voilà les alternatives entre lesquelles il faut choisir. L'exemple de l'Allemagne, où le même problème s'est posé, et où la solution définitive est aujourd'hui officielle, est à cet égard assez instructif.

Faute de sanction, l'enseignement *réal*, quoique répondant à un besoin social indéniable, avait peine à recruter des élèves, dans les classes supérieures. « Dès lors commença (1) l'agitation pour obtenir en faveur de l'enseignement *réal* des sanctions égales à celles de l'enseignement classique. Sous la pression de l'opinion publique qui se manifestait par des pétitions de plus en plus pressantes, le ministère

---

(1) Pinloche, *opus citatum.*

résolut de consulter les Universités en 1869 sur les facilités d'accès qu'elles pourraient accorder aux élèves de l'enseignement *réal*. Il va sans dire que l'avis des Universités fut négatif.

« Le ministère prit alors sur lui de décider que les élèves pourvus du certificat de maturité des établissements d'enseignement *réal* du 1er ordre pourraient prendre leurs inscriptions dans les Universités pour les lettres et les sciences et être admis aux examens pour le professorat de mathématiques, de sciences naturelles et de langues modernes (7 décembre 1870). »

Restaient les études de droit et de médecine qui étaient inaccessibles. La lutte pour l'égalité complète fut rendue plus vive encore par le quasi triomphe des partisans de l'enseignement *réal*. Plus on est près du but, plus on y tend avec ardeur. Aujourd'hui la lutte touche à sa fin.

« La conférence scolaire de Berlin, de nouveau réunie cette année du 6 au 10 juin, sur la convocation de l'empereur a décidé presque à l'unanimité, que les Universités devaient être ouvertes indistinctement aux élèves des gymnases, des réalgymnases et des écoles réales, sauf à organiser dans chaque faculté des cours préparatoires pour compléter leur instruction spéciale. »

Tout récemment enfin (1) l'empereur est intervenu officiellement pour que l'égalité de sanction soit un

(1) Rescrit impérial, 26 novembre 1900.

fait consacré. L'Allemagne a donc résolu la difficulté, née de la coexistence de deux enseignements
différents de programmes et de méthode par la
reconnaissance pure et simple de l'égalité des sanctions.

Chez nous la situation actuelle impose au législateur la solution d'un problème complexe dont voici
les données essentielles :

D'une part,

1° Réorganiser l'enseignement secondaire classique et moderne, préparatoire à l'enseignement
supérieur, et organiser l'enseignement secondaire
moyen à tendances utilitaires.

D'autre part,

2° Etablir entre les divers types d'enseignement
les correspondances nécessaires au mieux des intérêts des élèves et des besoins de la société.

Voilà la révolution, ou si le mot effraie, voilà la
réforme que le Parlement a entrepris de faire en
prenant en mains les destinées de l'Université.

III

LES PROPOSITIONS (D'APRÈS LES DÉPOSITIONS FAITES DEVANT LA COMMISSION D'ENQUÊTE). PLANS D'ÉTUDES ET PROGRAMMES.

A. — Considérons d'abord l'Enseignement secondaire comme préparatoire à l'Enseignement supérieur (*haute culture littéraire et scientifique*).

B. — Nous considérerons ensuite l'Enseignement secondaire comme préparatoire à la vie pratique (*destination utilitaire.*)

A

Tous les systèmes d'organisation de l'Enseignement secondaire préparatoire à l'Enseignement supérieur peuvent se ramener à quatre :

1° L'*unité;*

2° La *dualité* avec *égalité* de sanctions ;

3° *Unité* et *diversité* simultanées ;

4° La *superposition* { Unité à la base, 1ᵉʳ cycle ;
Diversité à partir du 2ᵉ cycle.

1° L'unité et les partisans de l'Enseignement, classique traditionnel unique.

L'Enseignement classique et l'Enseignement moderne ont leurs partisans et leurs adversaires intransigeants et irréductibles. Les uns et les autres se déclarent une guerre à mort et l'on pourrait inscrire sur leur drapeau cette épigraphe : *ceci tuera cela.*

Essayons de résumer impartialement les arguments pour et contre des partisans de l'*Unité.*

Il n'y a et il ne peut y avoir qu'un enseignement classique, digne de ce nom, c'est l'Enseignement traditionnel gréco-latin. La vertu éducative en est prouvée : il a fait des écrivains comme un Bossuet et un Voltaire, des savants comme un Descartes et un Pascal, sans compter la foule des bons esprits qui forment le public cultivé et qui maintiennent dans sa pureté et dans son intégrité le goût français. Sans latin et sans grec, pas de connaissance précise et délicate de notre langue. Apprendre le latin et le grec, c'est apprendre, de la meilleure façon, le français.

Pas d'exercice, qui vaille comme gymnastique intellectuelle, pour affiner, fortifier et assouplir l'esprit, la version latine : des idées claires, une forme difficile.

Pas de connaissance véritable de l'antiquité, sans l'étude directe des textes (1).

Pas de meilleure préparation à l'étude des mathématiques.

Un mathématicien illustre, M. Hermite, m'a dit bien des fois combien il estimait le thème précieux pour la formation de l'esprit, il ajoutait que le thème latin était, à ses yeux, la meilleure préparation à l'étude des mathématiques. (*Déposition de M. Boutroux*).

Enfin pas de haute culture intellectuelle, esthétique, scientifique, humaine, sans la fréquentation des modèles de la Hellade et de l'Italie. Hors des humanités, pas de salut pour les honnêtes gens !

Quant à l'enseignement moderne, qu'est-il, qu'une contre-façon de l'Enseignement classique ?...

C'est une mauvaise copie qui prétend égaler l'original.

Le génie français ne doit pas se nourrir des œuvres

(1) Les partisans de l'enseignement classique qui sacrifient le grec — ou qui le rendent facultatif, ce qui est tout un — ne ruinent-ils pas eux-mêmes cet argument. Si la langue grecque n'est pas étudiée par les *classiques,* en quoi différeront-ils, en ce point, des *modernes* ? Mais alors si les traductions suffisent pour la connaissance de la littérature grecque — qui est par excellence la littérature *originale,* comment ne suffiraient-elles pas pour la littérature latine, toute d'*imitation ?*

allemandes ou anglaises, quelle que soit d'ailleurs la beauté de ces œuvres.

Il n'y a pas affinité et sympathie entre notre génie et celui de ces peuples; il y a dissemblance et même répugnance.

Livré trop tôt à cette étude, l'esprit de la jeunesse française, au lieu de se former, se déformera. Restons donc dans la tradition gréco-latine, c'est-à-dire dans la tradition française : une fois fois adulte et sûr de lui-même, l'esprit français pourra, sans risques et sans périls, étudier et admirer les chefs-d'œuvre étrangers : c'est là un complément d'éducation, ça n'en peut être le principe et la substance.

Aussi bien, dit M. Fouillée, « il est nuisible d'établir deux types d'enseignement humaniste. Prétend-on leur donner une même inspiration et les mêmes droits ? Ils se nuiront mutuellement et il faudra bien que l'un fasse décliner l'autre, sans que le vainqueur y gagne rien. Le prétendu « parallélisme » n'existera que sur le papier. Ce sera l'enseignement le plus facile et le plus populaire, c'est-à-dire le moins élevé, qui finira par l'emporter ; seules, les raisons de tradition ou de mode conserveront aux classiques une petite clientèle, qui se croira alors d'une essence supérieure, et qui sera une base de sélection insuffisante. Ne divisons pas l'enseignement contre lui-même ; maintenons un type unique d'humanités, avec des variantes dans les dernières années, plus de sciences pour les uns, plus de lettres anciennes ou modernes pour les autres, mais une même éducation franco-latine et philosophique pour tous. Séparer notre enseignement en deux camps ennemis, c'est en assurer la décadence : « tout corps divisé contre soi périra. » (1)

b) *Les partisans de l'enseignement classique moderne unique.*

Voilà ce que disent des lettrés et des savants (2). Mais d'autres lettrés et d'autres savants, non moins autorisés, plaident avec une conviction également passionnée la cause de l'enseignement classique moderne.

L'enseignement classique gréco-latin, dit M. Bérard, ancien élève de l'Ecole normale supérieure et de l'Ecole d'Athènes, maître de conférences à l'Ecole des hautes études, « c'est un *fossile* qui n'est plus de ce monde : il date de l'ancien régime et il a cessé de vivre depuis plus de trente ans. »

« Il faut laisser mourir ce qui meurt, dit M. Brunot, et l'enseignement gréco-latin tel qu'il existe est *fini*, j'entends comme type d'enseignement secondaire. C'est là une fatalité historique. La révolution, je di-

(1) Cet apophtegme d'allure prophétique ne laisse pas de recevoir des démentis éclatants de l'histoire et de la réalité. A Rome n'y avait-il pas de *divisions* entre le patriciat et la plèbe ? En France aujourd'hui n'y a-t-il pas de *divisions* ?

(2) MM. Fouillée, Lachelier, Bernès, etc. Mgr. Mathieu, archevêque de Toulouse, le Père Didon, et tous les déposants ecclésiastiques ou congréganistes (à l'exception des frères de la D. C.)

rais volontiers l'émancipation a commencé au
seizième siècle; elle se poursuit irrésistiblement à
travers toutes sortes d'obstacles et de résistances.
Elle aboutira aujourd'hui ou demain, mais elle
aboutira... C'est au seuil de l'ère moderne entre
1500 et 1530 que la question du latin s'est posée. »

« A ce moment-là on traitait de barbares — comme
on traite aujourd'hui les adversaires de l'enseignement gréco-latin — ceux qui prétendaient prier,
penser et écrire en français. L'Eglise (1) et l'Université firent une opposition formidable aux partisans
du français. Cette opposition a néanmoins été
vaincue. Dès le dix-septième siècle on a « secoué le
joug du latinisme ». La Révolution assura à la
langue nationale la place qui lui était due.

« On n'osa pas aller jusqu'au bout et rompre avec
des pratiques séculaires. Qui eût pu songer à
rompre du premier coup avec l'antiquité dont les
grands souvenirs se mêlaient aux inspirations de la
philosophie moderne pour élever les cœurs ?

« Les classiques s'établirent donc sur une nouvelle position. Ils l'ont gardée un siècle. Soutenant
et arrivant à faire croire que cette étude de l'antique restait l'instrument indispensable de quicon-
que voulait se faire une âme « humaine », ce n'est
que petit à petit qu'ils ont été amenés à faire une
place aux connaissances nécessaires d'histoire mo-

(1) De même aujourd'hui · Tous les prêtres sont hostiles à
l'enseignement moderne. Voir la déposition du Père Didon.

derne, de sciences, de langues et de littératures étrangères. Mais bon gré mal gré les choses allaient leur train. Le prodigieux développement des sciences et des professions qui en exigent l'étude, l'accroissement soudain des facilités de communication avec l'étranger, qui mettent Saint-Pétersbourg à la distance où était Nancy, se chargeaient de leur imposer des sacrifices. De là des remaniements continuels des programmes, des essais pour y faire entrer tout, sans abandonner rien; puis, une fois la porte ouverte, l'instruction pratique, utile, les connaissances des choses vraiment vivantes refoulant le reste, et enfin une lutte dernière pour revenir en arrière et reprendre le terrain perdu, lutte dont l'issue ne peut être douteuse. Aujourd'hui il faut choisir, tout le monde le sent. Pour moi le choix n'est pas douteux. Comment en effet se pose la question? »

On ne peut plus soutenir, comme au seizième siècle, qu'il est impossible de penser ou d'écrire en français, ni qu'il n'y a de bons livres que ceux qui sont écrits en latin ou en grec. Qui oserait contester la merveilleuse richesse de la littérature française du seizième siècle au dix-neuvième siècle, — nous pouvons dire aujourd'hui au vingtième siècle?

« On en est donc réduit à deux arguments : on prétend d'abord que le latin assure une connaissance approfondie du français et ensuite, que les études g.éco-latines sont une gymnastique excellente pour l'esprit.

« Je ne nie pas la valeur de la seconde raison ; j'ai fait moi-même et trop longtemps du grec et du latin, pour penser le contraire ; j'ai cultivé aussi plusieurs langues modernes ; par conséquent je puis, dans une certaine mesure, comparer l'exercice de la version anglaise, allemande ou espagnole à l'exercice de la version latine et je reconnais que la version latine est plus difficile, qu'elle exerce davantage l'esprit de l'élève, parce que la langue est plus loin de la nôtre et que l'effort est plus considérable.

« Je reconnais aussi, comme le disait M. Foncin, qu'un enseignement fondé sur la seule étude historique du français est un exercice difficile pour le professeur ; mais soyez convaincus, messieurs, qu'il n'est pas du tout impossible, ni surtout infécond.

« J'arrive maintenant à une autre question, je ne la traiterai pas à fond, car ce serait là une discussion académique que je ne veux évidemment pas instituer devant vous : l'enseignement essentiellement moderne fondé sur le français, l'anglais et l'allemand, pour certaines régions, reposant, pour d'autres, sur le français, l'italien et l'espagnol, est-il suffisant pour former les esprits ?

« Il me semble qu'être en contact avec les littérateurs et les penseurs allemands comme Gœthe ou Kant, qu'être en état, d'autre part, de lire cette admirable littérature anglaise dont un Anglais a pu dire avec un peu de vanité, mais somme toute avec justesse, « qu'à elle seule, elle remplacerait toutes les littératures du monde, si elles étaient perdues », qui, par sa variété extraordinaire, suffit à satisfaire toutes les curiosités intellectuelles et dont la fécondité, loin de se tarir, s'accroît tous les jours, je prétends, dis-je, qu'un pareil avantage est si évident qu'on ne saurait sans parti pris en contester l'importance, et qu'il donne bien au delà de ce que les âmes les plus exigeantes peuvent demander de sentiments et de pensées.

« Une éducation humaine, entendue comme je le voudrais, — je me sers à dessein du mot humaine, pour rappeler les anciennes humanités — qui serait fondée sur ce qu'il y a d'humain chez nous et chez nos voisins, sur ce qu'il y a de national et aussi d'individuel chez eux et chez nous, serait une culture si précieuse, qu'il n'est point d'élite à qui elle ne pût suffire. L'égalité de sanctions s'impose.

« Mais je crois que vous avez mieux à faire encore : c'est de penser dès maintenant à l'avenir et de vous convaincre que vous vous trouvez à un tournant historique où se trouvent d'autres nations; car il est facile de voir que l'enseignement gréco-latin est en baisse en Allemagne comme en France. Il est de plus en plus déserté. On ne continue à le suivre que par tradition et ses partisans diminuent d'année en année.

« Il y a là une évolution historique de l'humanité. Il s'agit de savoir si vous voulez la précipiter. Je crois en tout cas que vous ne l'arrêterez pas ».

Qui parle ainsi? C'est M. Brunot, professeur à la Sorbonne, le savant historien de la langue française à qui l'Académie française vient de décerner un prix.

M. Gaston Paris dit les mêmes choses dans les mêmes termes :

« Je vous dirai ma pensée avec une grande franchise : je suis convaincu que, en tant que formant la base de l'éducation secondaire générale, l'enseignement classique est destiné tôt ou tard à disparaître, à faire place à un enseignement nouveau ; je crois que c'est un fait qui appartient à l'évolution de la civilisation moderne.

« Il y a là une fatalité que rien n'empêchera de se produire. »

Il faut dire, pour ne pas trahir M. Paris qui est un fervent admirateur de l'antiquité, qu'il déplore cette fatalité et qu'il voudrait la retarder : clairvoyance du savant qui prévoit l'avenir et mélancolie de l'humaniste qui regrette le passé.

Et, ce qui est plus grave, le scepticisme a gagné maîtres, parents et élèves. Combien ne croient plus à cet enseignement qu'ils donnent ou qu'ils reçoivent! Dès lors, que vaut un enseignement qui n'a plus foi en lui-même? (1).

(1) Voir l'enquête de M. André Beaunier, *Écho de Paris.* Un professeur de cinquième *classique* dans un lycée de Paris, me disait : «Dans tout mon enseignement ce qui m'intéresse le plus, et ce qui intéresse le plus mes élèves, c'est la *géographie.* ».

C'est ce que dit excellemment M. Jaurès qui, lui aussi, prévoit l'évolution rapide de l'enseignement secondaire vers les études modernes.

« J'ai voté pour l'égalité des sanctions.

« Je ne tiens pas à imposer artificiellement aux classes dirigeantes, si elles n'en veulent plus, la culture grecque et latine ; d'autant plus que, quels que soient ses mérites, elle ne peut être bonne qu'à la condition d'être adoptée de bon cœur. Tout système d'enseignement qui répugnerait à la volonté permanente, à l'idée, au désir de la classe à laquelle il est destiné, serait mauvais ; il n'y a pas de bonne culture indépendamment des dispositions d'esprit de la classe qui doit la recevoir. S'il est donc entendu, pour l'ensemble de la bourgeoisie française, que la culture latine et grecque est devenue une inutilité ou une surcharge, c'est que la culture latine et grecque est devenue mauvaise.

« Par conséquent, il n'y a pas lieu d'essayer de l'imposer par des mesures artificielles, comme le serait la différence de sanction entre les études modernes et les études antiques. » (1)

Si donc l'enseignement gréco-latin doit disparaître, que les destinées s'accomplissent. Cette disparition n'amènera ni la banqueroute de l'enseignement

(1) On remarquera que MM. Bérard, Brunot, Gaston Paris, Jaurès, et j'aurais pu en citer bien d'autres, sont dans toute l'acception du terme des *humanistes*. Quand ils condamnent à mort l'enseignement classique qui les a formés, on peut les accuser d'être des *parricides*, mais no   pas des *barbares*.

secondaire et conséquemment de l'enseignement supérieur, ni la banqueroute du génie français. Fort de quatre siècles d'admirable production littéraire, artistique et scientifique le génie français est assez conscient et assez maître de lui même, pour s'émanciper, sans danger, de la tutelle vénérable de l'antiquité. L'antiquité pour nous, c'est notre histoire d'avant la Révolution. Nos modèles, et nul ne contestera ce beau titre à des œuvres lues par tous les hommes, parce qu'écrites pour tous les hommes, et qui après avoir, aux siècles précédents, appris à l'Europe à penser, peuvent bien, aux siècles futurs, nous enseigner la vérité et la beauté, nos modèles ce sont les chefs-d'œuvre du seizième, du dix-septième, du dix-huitième, auxquels s'ajoutent tant de chefs-d'œuvre du dix-neuvième siècle d'ores et déjà classiques.

Voilà les gardiens de l'esprit français, voilà les éducateurs qui maintiendront la grande et pure tradition. Avec de tels guides, nous pouvons sans crainte tendre les voiles vers l'avenir : nous n'irons pas à la dérive.

2° *La dualité avec l'égalité de sanctions.*

Une deuxième catégorie de déposants, effrayés sans doute par une révolution si radicale, ne songent ni à détruire l'enseignement classique traditionnel qui a chez nous dé si profondes racines, ni à supprimer l'enseignement moderne, à qui on peut tout contester, hors le mérite d'être vivant et prospère.

Ne rien détruire de ce qui vit, telle semble être la formule de ce conservatisme intelligent. Ainsi M. Lavisse propose de conserver les deux enseignements rivaux — et de leur attribuer l'égalité de sanctions. « Il y a là, dit-il, une variété qui enrichira l'esprit national. »

M. Gréard apporte à cette solution l'appui de sa haute autorité pédagogique. MM. Manuel, Ernest Dupuy, inspecteurs généraux pour les lettres, M. Samuel Rocheblave, un des plus distingués professeurs de rhétorique de Paris, et combien d'autres lettrés délicats proclament qu'il faut accorder l'égalité de sanctions.

« Mon sentiment très net, dit M. S. Rocheblave, est que l'égalité de sanctions s'impose. L'étude des programmes de l'enseignement moderne, l'esprit qui anime ces programmes suffisent à démontrer que l'enseignement classique a désormais trouvé son rival. Et qu'on ne dise point que le moderne n'a pas fait ses preuves. Il n'a jamais pu les faire complètes. Ce n'est offenser personne, je suppose, de dire que le nouvel enseignement n'a encore ni le personnel, ni les élèves qu'il mérite. Son personnel, par la force des choses, est encore trop hétérogène ; et quant au recrutement des élèves, il a toujours été paralysé, par l'esprit latent d'hostilité qui lui a toujours suscité des ennemis dans nos propres établissements. Ayons le courage de faire notre *mea culpa*. Malgré cette situation le moderne a fourni d'assez belles preuves de vitalité. Comment lui marchander aujourd'hui ce qu'il emportera demain, ce qu'il eût été non pas seulement politique, mais équitable, mais loyal de lui accorder hier? »

Impossible de reconnaître plus galamment ses torts envers un adversaire et de lui rendre justice avec plus de bonne grâce !

J'évite, à dessein, d'emprunter la moindre citation à des professeurs de l'enseignement moderne. Si excellente qu'aurait pu être leur argumentation, on n'eût pas manqué de l'infirmer en y voyant un pladoyer *pro domo*

Je ne citerai pas non plus Raoul Frary et Jules Lemaître, quoique le livre de l'un, *La Question du latin*, et la conférence de l'autre, *Sorbonne*, 5 juin 1898, aient une importance capitale dans l'histoire de la pédagogie. Toutes proportions gardées, le talent de ces deux publicistes a fait, pour la pédagogie, ce que le génie de Pascal a fait pour la théologie ; ils l'ont exhumée de la poussière silencieuse des bibliothèques, pour l'exposer au grand jour de la discussion publique. Ils ont passionné l'opinion, en signalant la gravité sociale et l'intérêt national du problème pédagogique.

Néanmoins, de parti pris, je ne leur ai pas emprunté une seule ligne : le nombre et la qualité des dépositions en faveur de l'enseignement moderne attestent les progrès faits dans tous les milieux par les idées rénovatrices qu'ils ont si brillamment soutenues.

Enfin, je ne ferai que mentionner les si remarquables dépositions de MM. Poincarré et L. Bourgeois, anciens ministres de l'Instruction publique, entièrement favorables à l'enseignement moderne et à l'égalité de sanctions. Il vaut mieux laisser plaider la cause du moderne par les professeurs même de l'enseignement rival, ceux-là du moins ne seront pas suspects de partialité.

M. Darboux, parlant au nom de la presqu'unanimité de ses collègues de l'Académie des sciences demande le maintien et l'égalité des deux enseignements.

M. le Président. — Vous ne voudriez pas imposer l'enseignement moderne à ceux qui se préparent aux carrières où les sciences dominent. Vous voulez garder l'enseignement moderne, mais vous ne voudriez pas qu'il absorbât l'enseignement classique?

M. Darboux. — Monsieur le Président, vous avez rendu ma pensée de la manière la plus exacte. *J'estime que les deux enseignements ont un droit égal à vivre.* On aurait tort d'amoindrir l'un ou l'autre. L'avenir nous fixera sur l'importance relative qu'ils doivent conserver.

M. le Président. — En somme, vous pensez que la coexistence des deux enseignements est favorable, parce qu'elle permet précisément la comparaison et la lutte?

M. Darboux. — Parfaitement.

L'Enseignement moderne et l'accès aux Facultés de médecine et de droit.

Pour terminer, je donnerai la parole à deux professeurs, l'un de l'Académie de Médecine, l'autre de la Faculté de Droit de Paris. Leur argumentation sera d'autant plus topique, que les adversaires de l'Enseignement moderne se sont réfugiés dans ces deux Facultés, jusqu'ici obstinément fermées comme dans une citadelle inexpugnable.

Voici l'argumentation de M. Bouchard, membre de l'Académie de médecine :

L'Enseignement secondaire sans grec et sans latin.
L'enseignement moderne.

« Les langues vivantes, si on les enseigne de manière à ce que les élèves puissent, je ne dis pas seulement les parler et les écrire, mais les lire, ce qui est plus difficile, sont un puissant moyen d'éducation ; elles ouvrent à l'esprit les trésors de riches littératures, de l'allemande, de l'anglaise, de l'italienne, de l'espagnole. Les littératures anciennes ne seraient pas interdites. Quand on ne peut pas les goûter à la source, on peut leur trouver encore quelque saveur dans les traductions.

« C'est prononcer une condamnation un peu sommaire que de déclarer la langue française incapable d'exprimer les idées et de rendre les beautés des chefs-d'œuvre de l'antiquité. N'avons-nous pas compris et applaudi la traduction française d'*Œdipe roi?*

« La science aussi est éducatrice. Je n'ai pas à reprendre la démonstration que M. Berthelot a faite de cette vérité.

« On comprend donc que, par des moyens divers, l'enseignement secondaire classique et l'enseignement secondaire moderne puissent amener l'enfant, puis le jeune homme, à un égal degré d'élévation dans la culture intellectuelle et morale.

« Comment un enseignement qui rachète son infériorité dans la connaissance des littératures anciennes par une supériorité réelle dans la possession des langues vivantes et dans la culture scientifique, n'a-t-il pas conquis plus complètement la confiance et la faveur des familles ?

» J'ai dit l'une des causes de cette hésitation. On a cru qu'on ne pouvait pas le faire égal à l'enseignement classique et on l'a organisé de telle sorte qu'il lui est inférieur. Mais surtout on a réduit son importance, on a limité les privilèges qu'il confère. Il ne donne accès ni à la Faculté de droit ni à la Faculté de médecine, et tel ministère, qui n'a rien de littéraire, exige de ses fonctionnaires ou employés de tout ordre le diplôme classique et n'accepte pas le baccalauréat moderne. Le baccalauréat classique, au contraire, ouvre toutes les portes. Il est naturel que les parents, au moment où l'enfant va entrer au lycée, alors que sa vocation ne saurait encore être soupçonnée, ne se risquent pas à choisir un enseignement qui interdit en quelque sorte l'accès des carrières les plus importantes et les plus nombreuses, et donnent la préférence, peut-être à contre-cœur, à l'enseignement qui réserve et assure l'avenir. On a voulu que la concurrence fût impossible entre les deux enseignements. En présidant à sa naissance, le Conseil supérieur a déposé comme cadeau, sur le berceau de l'enseignement moderne, la liste de ses sanctions, la formule magique qui doit le faire mourir.

« Si l'on a refusé de considérer le diplôme de l'enseignement moderne comme capable d'introduire à l'étude du droit et de la médecine, c'est, dit-on, parce que ceux qui cultivent ces deux sciences ont besoin de comprendre et même de faire des citations ou qu'ils doivent pouvoir vérifier et expliquer des textes en langue latine ; c'est aussi en ce qui concerne les médecins, parce que leur langue est très riche en mots dérivés du grec, parce qu'ils doivent pouvoir en découvrir le sens et au besoin en former, s'il leur arrive de faire une découverte qui justifie un néologisme.

« J'ai, pour mon compte, refusé d'inscrire la médecine parmi les sciences à l'étude desquelles l'enseignement moderne peut conduire. Mais, mon vote a été dicté par d'autres raisons que celles que je viens d'indiquer ; je l'ai motivé en disant que je ne veux pas donner comme préparation à une profession qui exige une haute culture intellectuelle et morale, un enseignement que, par les défectuosités de son organisation, on a fait manifestement inférieur à l'enseignement classique, *mais je suis prêt à ouvrir l'étude de la médecine aux élèves sortis de l'enseignement moderne* le jour où l'on aura consenti à lui donner la même dignité qu'à l'enseignement classique. Ce jour-là, je ne serai pas embarrassé du défaut de latin ou de grec. Ce qu'il en faut, pour l'étude et pour l'exercice de la médecine, on peut l'apprendre en moins d'un an, à ses moments perdus, quand on possède quatre langues dont le français et l'anglais, et quand on a des notions de grammaire générale. Ce n'est pas à dire que je conseillerais plutôt l'enseignement moderne comme préparation à la médecine ; mais je n'imposerais pas les études classiques. Il y a des esprits absolument réfractaires à l'étude des langues mortes qui peuvent être plus tard d'excellents médecins ; j'aimerais mieux pour ceux-là faire le sacrifice d'études classiques dont ils ne tireraient qu'un médiocre profit, et les voir aborder avec intérêt une éducation plus scientifique. »

La déposition de M. Ducrocq, professeur à la Faculté de droit de Paris, est admirable de compétence et de bon sens. A mon avis, elle épuise le sujet et tranche la question :

» Est-il possible d'atteindre un niveau suffisamment élevé de culture générale sans la connaissance des langues de l'antiquité, grecque et romaine?

» Est-il équitable, est-il exact et, en même temps, est-il conforme aux intérêts de la société, de dire qu'un étudiant ne sera admis à faire des études de droit, à devenir licencié ou docteur en droit, à aborder les carrières auxquelles mènent cés diplômes, qu'autant qu'il justifiera — en admettant même que les examens en justifient — de la connaissance des langues grecque et latine?

» Voilà ce que je ne puis pas admettre. J'estime personnellement que nos étudiants peuvent aspirer avec succès à la licence et au doctorat en droit, indépendamment de la connaissance de la langue latine.

« *M. le Président.* — Vous n'enseignez pas le droit romain, monsieur Ducrocq?

M. Ducrocq. — Je vais en parler; du reste, c'est, à mon avis, une illusion, que de penser que les bacheliers de l'enseignement classique connaissent, par le fait de leur diplôme, la langue latine.

» C'est une très grave erreur.

» Vous dominez, en ce moment, messieurs, une lutte qui est vieille de plusieurs siècles.

» Dans le courant même de ce dix-neuvième siècle, il y a cinquante ou soixante ans, on se servait encore de la langue latine, pour les leçons, les argumentations dans les concours des chaires des Facultés de droit.

» Je me permettrai, à cet égard, un souvenir. Un

ancien professeur de droit commercial de la Faculté de Paris, M. Bravard-Verrière, pensait que la langue latine n'était pas aussi nécessaire pour les études de droit qu'on le prétendait alors, et il était d'avis qu'elle devait disparaître des épreuves des concours de droit, même pour les professeurs. Alors qu'il était juge d'un de ces concours, il s'était amusé à recueillir tous les solécismes et tous les barbarismes commis par les candidats et les avait publiés, pendant le concours même, dans une revue qui était, je crois, la *Thémis*. Il avait eu soin d'écrire que « les concurrents qui se reconnaîtraient ne devaient pas être inquiets; qu'il en était pour le savoir desquels il avait la plus grande estime; qu'il avait simplement entendu leur venir en aide et montrer qu'il était absurde d'exiger de pareilles épreuves » et elles ont en effet disparu.

« Je sais bien qu'on dit que cette connaissance de la langue latine est indispensable au professeur qui doit en justifier. Mais il ne s'agit pas ici des professeurs ; il est question des élèves et l'on pense que le baccalauréat classique les met à même de savoir le latin. C'est une pure illusion et, en dépit du diplôme du baccalauréat classique, je soutiens que c'est le contraire qui est vrai.

» Maintenant, il faut envisager la question spéciale du droit romain.

» Je connais les préoccupations de mes très savants collègues, chargés de cet enseignement. Ils disent: « Comment ferons-nous, si l'on supprime le latin, pour expliquer les textes du droit romain devant un auditoire qui sera autorisé à ne pas connaître la langue latine ? »

« Voici ma réponse :

« D'abord, il ne s'agit pas de supprimer le baccalauréat classique : selon ma manière de voir, vous aurez toujours des élèves qui auront fait des études de latinité. Par contre, vous en aurez d'autres qui n'en auront pas fait. L'explication des textes, pour cette partie de l'auditoire, pourra être suivie, comme pour ceux du baccalauréat classique.

« Voyons ! l'enseignement du droit, dans ces dernières années, a pris un développement considérable et, à ce point de vue, M. le président connaît la question mieux que personne. Il a été le président d'une Société dont j'ai l'honneur de faire partie très modestement, et qui a rendu les plus grands services à la science du droit; je veux parler de la Société de législation comparée.

« Depuis vingt-cinq ans, nous faisons presque tous, tant dans nos ouvrages que dans nos leçons, la comparaison de la législation française, avec celles des autres pays, surtout des principaux Etats. Avons-nous besoin pour cette étude, de la connaissance des langues étrangères? Non, en dehors de quelques érudits qui savent certaines langues, beaucoup ne connaissent que le français. Cependant, nous sommes à même de faire cette comparaison d'une façon très complète au point de vue juridique.

« La Société de législation comparée rend l'immense service de publier chaque année un annuaire donnant les traductions des diverses lois étrangères, et, c'est au moyen de ces traductions, qu'écrivains et professeurs font de la législation comparée. Nos élèves peuvent ainsi profiter de notre enseignement et nous suivre dans cette voie qui a été ouverte, en définitive, par la Société de législation comparée, bien que les élèves et les professeurs eux-mêmes ne connaissent pas et ne puissent pas connaître toutes ces langues étrangères.

» On pourra donc procéder de la même façon pour le droit romain.

» D'ailleurs, le professeur lui-même n'est-il pas obligé, en expliquant le texte latin, d'en donner la traduction ?

» Il ne peut pas faire autrement, puisqu'il professe son cours en langue française, ce qui n'avait pas lieu jadis. Je veux bien admettre que la connaissance du latin peut conférer à celui qui la possède une certaine supériorité pour suivre un cours de droit romain, mais on ne peut pas dire avec vérité que cette connaissance de la langue latine soit indispensable pour suivre les classes de droit romain.

» Ces cours sont d'ailleurs en petit nombre dans les Facultés de droit, et il n'est pas possible de dire que les étudiants non pourvus du baccalauréat classique ne profiteront pas de l'enseignement qui est donné dans ces cours eux-mêmes.

» Il me semble que le contraire est vrai et qu'il y a exagération de nos romanistes qui voient avec

10

frayeur l'introduction, dans les Facultés de droit, des diplômes du baccalauréat moderne même remanié.

« C'est après un remaniement du programme de l'enseignement moderne, avec moins de sciences, plus d'histoire et de philosophie, que je demande l'assimilation des deux types de diplômes, pour permettre l'accès à la Faculté de droit.

« J'ajouterai encore ceci :

« Les Facultés de droit ne sont plus ce qu'elles étaient au temps de ma jeunesse et même à l'époque où mon collègue et ami, M. Sauzet, membre de la Commission, était étudiant.

« La transformation est considérable.

« Ainsi, que voyez-vous sur l'affiche des cours de l'année scolaire actuelle 1898-1899 de la Faculté de droit de Paris? Vous remarquez quarante-quatre cours. Il y en a d'annuels, il en est aussi de semestriels; les uns sont obligatoires, d'autres sont facultatifs. Sur ces quarante-quatre cours, pour quel chiffre figurent les cours de droit romain? Car c'est la question : Le droit romain doit-il faire la loi? Est-il la partie dominante de l'enseignement de nos Facultés?

« Non, messieurs; et en effet, il n'y a que sept cours de droit romain sur l'ensemble des quarante-quatre cours de l'année scolaire actuelle. Voilà la proportion : comme vous le voyez, le droit romain occupe dans nos Facultés, une place relativement restreinte. »

M. le Président. — C'est une question de majorité ou de minorité ;

M. Ducrocq. — Donc les études préalables à l'entrée dans les facultés de droit ne doivent pas être subordonnées à une seule branche, aussi restreinte, de l'enseignement de ces Facultés. Pour moi, depuis quarante ans que j'enseigne le droit administratif, je n'ai jamais eu besoin de recourir au droit romain.

« Nous avons eu en province un ancien collègue qui a écrit deux volumes intéressants sur le droit administratif romain ; mais c'est là de l'archéologie du droit romain, et il est, en définitive, absolument inutile, et pour l'enseignement et pour l'étude des lois administratives françaises, de connaître la langue latine.

« Cela n'est pas douteux, et ce qui est vrai pour le droit administratif, est aussi exact pour un grand nombre d'enseignements juridiques.

« Pour la licence, sur vingt cours, il y a quatre cours de droit romain, seize autres cours traitent de sujets étrangers à cet enseignement. Encore faut-il remarquer que, parmi les quatre cours de droit romain, deux représentent un cours dédoublé en raison du grand nombre des élèves de première année.

« Pour le doctorat qui comprend deux types, le doctorat ès-sciences politiques et économiques et le doctorat ès-sciences juridiques, il y a vingt deux cours. Le premier doctorat ne comprend pas un seul cours de droit romain ; le second en comporte trois.

« Telle est la situation.

« Même pour suivre les cours de droit civil, nos étudiants n'ont aucun besoin de connaître la langue latine, et le droit romain n'y occupe.qu'une place de plus en plus restreinte.

« En voici la preuve :

« L'agrégation des Facultés de droit a été divisée en quatre branches : l'agrégation de droit privé — là, les agrégés de droit civil sont autorisés à ne subir, pour être professeurs, aucune épreuve de droit romain. C'est la preuve annoncée; c'est la question actuelle résolue en partie! — Ensuite il y a l'agrégation de droit public (droit administratif, droit constitutionnel, droit des gens) ; puis l'agrégation des sciences économiques ; enfin l'agrégation d'histoire du droit. C'est dans cette dernière seulement que le droit romain trouve sa place. Je suis donc autorisé à dire : le droit romain n'est plus, d'après les règlements mêmes des Facultés de droit, ce qu'il était jadis ; cet enseignement n'est qu'une branche de l'histoire du droit.

« Comment veut-on alors que tout soit subordonné, au point de vue de l'entrée dans nos Facultés et de l'accès aux carrières à l'étude de la langue latine dans l'enseignement secondaire? C'est en contradiction avec l'organisation des Facultés de droit dans leur état actuel.

» Au doctorat ès-sciences politiques et économiques, il n'y a pas une épreuve ni un cours de droit romain. Ce fait n'est-il pas en contradiction directe avec la prétention que je combats, et qui, vous le voyez, vient de l'ancienne idée : partout la langue latine. Elle lutte pour sa dernière application forcée ; il ne s'agit pas en effet de la faire disparaître, il s'agit de mettre les deux baccalauréats sur la même ligne au point de vue de l'entrée dans les Facultés de droit.

« J'avais un scrupule. Voici une note que je viens de demander au Ministère de l'Instruction publique, avec l'autorisation de m'en servir et de vous la remettre.

« *M. le Président.* — Il s'agit des dispenses ? M. Lyon-Caen nous en a entretenus.

« *M. Ducrocq.* — J'en tire peut-être d'autres arguments. J'ai demandé des chiffres ; voici ceux qui viennent de m'être donnés, après un examen très rapide, pour 1898 : il y a eu 136 dispenses, 69 pour pour Paris et 67 pour les départements. Vous pourriez demander les chiffres pendant une période décennale, et nous raisonnerions alors sur un chiffre total de 1.300 à 1.500 étudiants en droit dispensés de la production du diplôme du baccalauréat classique.

« Que sont ces dispensés? L'argument est très précis. Ce sont des étudiants qui ont été admis à prendre des inscriptions de droit sans avoir fait des études de langue latine, ou qui en ont fait très peu, qui ont tout au plus le baccalauréat ès-sciences. En

10.

effet, la règle est bien qu'on ne peut faire d'études de droit, prendre sa première inscription qu'en justifiant du baccalauréat classique ès-lettres ; le baccalauréat ès-sciences est insuffisant ; le baccalauréat moderne également. Mais le Ministre est autorisé à accorder des dispenses, c'est-à-dire à permettre à des jeunes gens qui n'ont pas fait les études classiques de latin de prendre inscription. Cette autorisation est accordée sur une échelle assez importante, puisque 136 autorisations ont été données dans la seule année 1898, qui n'a rien d'exceptionnel.

« Je ne sais pas si l'on vous a dit qu'il y a des Facultés de droit qui sont tellement imbues de l'idée que je vous apporte, que systématiquement elles disent toujours : Le pétitionnaire justifie de son baccalauréat ès-sciences, cela nous suffit ; nous donnons un avis favorable. La Faculté de Toulouse n'y manque jamais, et, si je ne me trompe, la Faculté de Rennes ou de Caen en fait autant ; d'autres encore. Le Comité ne croit pas devoir entrer dans cette voie ; il y a un règlement, nous devons donner un avis, en tenant compte de ce règlement ; nous ne nous contentons pas du diplôme, soit de l'enseignement moderne, parce que la loi ne le permet pas, soit du baccalauréat ès-sciences ; nous demandons quelque chose de plus : toujours l'idée d'une ouverture générale de l'esprit. Est-ce au grec, au latin que nous la demandons ? Non, puisque ces candidats n'ont pas le diplôme du baccalauréat classique; c'est à d'autres signes que nous nous attachons, nécessairement étrangers à la connaissance des langues grecque et latine.

« Les étudiants en droit peuvent donc s'en passer. C'est la démonstration qu'en définitive cette ouverture de l'esprit peut être faite en dehors de la connaissance de la langue latine. Toutes les fois qu'il s'agit d'un officier sortant de Saint-Cyr, le Ministre ne nous consulte plus, tant notre jurisprudence est formelle ; nous donnons toujours des avis favorables ; dès lors le Ministre accorde la dispense sans nous consulter. Dans d'autres fonctions il en est de même. Nous sommes assez rigoureux ; l'examen de surnuméraire subi avec succès ne nous suffit pas ; nous n'accordons l'avis favorable à l'autorisation qu'aux receveurs. Cette pratique a des inconvénients, puisque, pendant qu'ils font leur stage, ces fonctionnaires ont plus de loisirs et moins de responsabilité, et pourraient mieux faire leurs études de droit. Nous sommes obligés à ce système par la législation actuelle, qui, sur ce point, même en matière de dispenses, mène à des résultats qui ne sont pas logiques. Nous donnons, à plus forte raison, un avis favorable aux demandes de dispense des jeunes gens sortis de l'Ecole polytechnique entrés ou non dans les services publics. Nous donnons même cet avis favorable à des jeunes gens qui ne sont pas entrés dans cette école, mais qui ont été admissibles, en distinguant entre l'admissibilité du premier et du second degré, parce que nous voyons là

la preuve d'une ouverture plus grande de l'esprit.
Est-ce le latin qui la donne? Pas du tout. De même
pour les candidats admissibles à l'Ecole de Saint-
Cyr et qui n'y ont pas été admis. Pour les élèves de
l'Ecole centrale nous ne nous contentons pas de
l'entrée à l'école, il faut, en général, qu'ils aient
subi l'épreuve de sortie. Il en est beaucoup pour lesquels en effet il est utile d'être licencié en droit, de
faire des études de droit. Mais lorsque les élèves de
l'Ecole centrale ont subi avec succès leurs examens
de sortie, qui ne comportent aucune épreuve de latinité, le Comité donne toujours un avis favorable.

« Il est même arrivé que des autorisations ont été
accordées à des juges de paix et à des titulaires
d'emplois administratifs, ne possédant aucun diplôme. Tous ces dispensés font leur droit bien
qu'ayant peu ou point étudié le latin. Donc les bacheliers de l'enseignement moderne modifié pourraient en faire autant. »

J'estime qu'on peut clore, sur ces deux dépositions si concluantes, le débat *théorique*. Voyons
maintenant les enseignements des faits eux-mêmes.

Les résultats de l'enseignement moderne.

Les résultats de l'enseignement moderne ne peuvent être contestés au point de vue scientifique.
On peut en croire M. Mercadier, directeur des études

à l'Ecole Polytechnique, et M. Buquet, directeur de l'Ecole Centrale.

M. Mercadier. — Nous acceptons le baccalauréat moderne, ou la première partie du classique, ou la seconde partie. Nous donnons quinze points aux candidats munis de cette première partie, trente points pour le baccalauréat lettres-philosophie et rien pour le moderne. Les conseils de l'école ont toujours tendu, jusqu'à présent, à favoriser l'enseignement classique.

M. le Président. — Il est nécessaire, croyez-vous, de le protéger par une avance de points? Il ne se défend pas de lui-même?

M. Mercadier. — Si, jusqu'à présent. Jusqu'à il y a six ou sept ans, dans les 50 premiers sortants il y avait toujours environ 30 bacheliers ès lettres complets. Maintenant nous avons à compter avec l'enseignement moderne. Je dois dire qu'à notre point de vue il fait des progrès notables. J'ai sous les yeux quelques statistiques que j'ai relevées dans ces trois dernières années. Voici ce que j'en ai tiré.

Nous comptons environ un quart d'élèves sortant de l'enseignement moderne : cette année, 45 sur 201.

Si l'on prend le rang moyen des élèves à l'entrée et à la sortie, on reconnaît qu'ils gagnent des rangs. Mais il ne faut pas remonter plus haut que les trois dernières années : ce n'est guère que depuis deux ans que les bacheliers modernes ont suivi le cycle complet des études.

Ils gagnent une vingtaine de rangs, ce qui est beaucoup.

M. le Président. — On a dit, au contraire, qu'au début ils savaient beaucoup, se plaçaient bien, puis qu'ensuite ils baissaient, faute de bonnes méthodes de travail.

M. Mercadier. — Le fait est brutal : *ils gagnent des rangs.*

M. le Président. — Voyez-vous des élèves de l'enseignement moderne se mettre tout à fait aux premiers rangs ? (1).

M. Mercadier. — Il commence à y en avoir : cette

---

(1) Ainsi les élèves de l'enseignement classique sont avantagés de 15 points s'ils sont bacheliers de rhétorique et de 15 autres points s'ils sont bacheliers de philosophie, soit 30 points au total.

On peut soutenir que le privilège des 15 points pour la rhétorique est légitime, car c'est là une prime pour la connaissance du latin que les modernes n'ont pas. Mais comment justifier les 15 points attribués à la philosophie. Est-ce qu'un élève de 1ᵉˢ lettres n'a pas suivi le même cours de philosophie que son camarade classique ? Est-ce qu'un élève de 1ᵉˢ sciences n'a pas suivi un cours de philosophie scientifique.

Dès lors, pourquoi les études philosophiques confèrent-elles un avantage aux uns, et pas aux autres ?

Le parti pris éclate ici de favoriser un enseignement au détriment d'un autre. Qu'on songe à l'importance de ces 30 points acquis d'avance. Tel élève de l'enseignement moderne qui, par ses notes d'examen, eût été reçu premier, sera rejeté en arrière de dix ou quinze rangs pour des considérations extérieures à l'examen lui-même.

année, j'en compte deux dont un est allé aux ponts et chaussées.

M. le Président. — En somme, monsieur Buquet, vous constatez une tendance de ceux qui viennent de l'enseignement moderne à dépasser les autres.

M. Buquet. — Oui.

La valeur littéraire des bacheliers modernes est appréciée par MM. Langlois et Espinas, professeurs à la Sorbonne, tous deux chargés de présider le jury de baccalauréat.

« *M. Langlois.* — J'ai présidé, en 1897, un des jurys de baccalauréat d'enseignement moderne (1er partie) qui ont fonctionné à Paris. Je me suis appliqué à comparer les candidats qui ont subi l'examen devant ce jury avec les candidats au baccalauréat de l'enseignement classique, dont j'ai l'expérience depuis treize ans.

» Il m'a semblé que les candidats au baccalauréat moderne, souvent plus frustes que les autres, avaient, en général, travaillé davantage; qu'ils avaient moins de désinvolture et plus de fonds. Un bachelier « classique » reçu à la limite, n'est certainement pas plus cultivé qu'un bachelier « moderne » admis dans les mêmes conditions, et j'ai eu l'impression que *les meilleurs élèves des deux enseignements se valent.*

» Cette dernière constatation m'a conduit à penser que *l'équivalence des deux diplômes* (baccalauréat classique, baccalauréat moderne) devrait être établie, si les deux enseignements parallèles sont maintenus. »

« *M. Espinas.* — Ceux qui ont fait les études indiquées par le programme me paraissent déjà atteindre un niveau suffisant, moyen, et je crois que lorsque l'enseignement moderne aura pénétré dans les familles où l'éducation domestique est plus efficace et la culture générale plus élevée, alors je crois qu'il vaudra son devancier quoique les résultats soient très différents. Il ne faut pas lui demander, en effet, ce qu'on demande au classique, pas plus qu'il ne serait juste de demander à celui-ci les fruits que porte le moderne.

» L'enseignement moderne ne fournit pas des écrivains, voilà la grande différence. Ces jeunes gens sont, comme écrivains, ingénus, dépourvus de malice, de finesse, si l'on veut, et presque de tenue ; ils vous donnent leur pensée comme elle leur vient, avec une simplicité, un défaut d'art qu'il ne faut pas nier. Cela étonne au premier abord, mais si vous leur demandez non pas des œuvres littéraires, ce qui est une erreur, mais des choses qu'ils ont pu apprendre, sur lesquelles leur réflexion a pu s'exercer, des *choses* enfin saisissables, sur lesquelles leur intelligence ait une prise et non pas des œuvres, des exercices qui supposent chez eux un talent d'invention artistique et de style, vous obtenez des compositions très judicieuses. Ne me dites pas que ce sont là produits mnémoniques, choses viles ; pour bien exposer certaines théories littéraires, certains points d'histoire, il faut aussi de l'intelligence, celle que témoigne tout élève qui reçoit la culture des sciences. Nul n'invente à cet âge en fait de physique ou d'histoire ; l'intelligence de la physique et de l'histoire ne va cependant pas sans quelque mérite. Et ces élèves prouvent qu'ils comprennent ; ils sont dépourvus d'art, mais leur raison, leur jugement, leur sens naturel n'est pas sans fermeté. »

Il faut citer une dernière déposition, celle de M. Foncin, l'homme le plus autorisé à parler de l'enseignement moderne, puisqu'il l'inspecte depuis sa fondation.

« *M. le Président.* — Vous avez une expérience particulière, résultant de l'inspection générale, en ce qui concerne l'enseignement moderne. Quels résultats donne-t-il depuis dix ans ?

« *M. Foncin.* — Pour comprendre les résultats de l'enseignement moderne, il faut se rappeler dans quelles conditions il a été organisé. Cet enseignement est dépourvu des sanctions accordées aux autres, puisqu'il ne prépare ni au droit, ni à la médecine, ce qui forcément jette sur lui quelque discrédit. En second lieu, il n'a pas de professeurs particuliers, ou du moins, s'il en a encore quelques-uns, c est l'exception, la plupart des cours de l'enseignement moderne sont confiés à des professeurs de l'enseignement classique. Ceux-ci ont déjà une classe assez lourde à faire. On leur demande en outre des heures supplémentaires, dans l'enseignement moderne. C'est une surcharge. La plupart d'entre eux apportent cependant du zèle dans cette tâche additionnelle. Mais ceux qui sont fatigués ou moins dévoués ne peuvent naturellement faire aussi bien que les professeurs comme je les comprends, qui s'adonneraient uniquement et tout entiers à leur enseignement. De plus, une vieille tradition qui ne paraît pas entièrement finie, malheureusement, veut que les élèves qui ne sont pas très intelligents, soient dirigés de préférence vers l'enseignement moderne.

« Il est clair qu'avec de parcilles difficultés, cet enseignement n'a pu obtenir tous les résultats qu'il pourrait donner s'il était mieux organisé. Eh bien, malgré ces conditions défavorables, l'enseignement moderne se développe, s'améliore. J'y vois de plus en plus arriver des enfants intelligents, appartenant à de bonnes familles.

» De plus, l'esprit est autre. Les petits classiques sont plus sceptiques et de bonne heure. Les petits modernes conservent plus longtemps leur foi en leurs professeurs et en l'excellence de leur enseignement. Ils se prennent davantage au sérieux, et ce point est très important (1).

(1) M. Mercadier, directeur des études à l'Ecole polytech-

« *M. le Président.* — Est-ce la nature de l'enseignement ou l'origine des élèves qui explique cette différence ?

« *M Foncin.* — C'est plutôt l'origine, et surtout l'école primaire. Celle-ci est animée d'une foi vive qui nous manque dans l'enseignement secondaire. Comment aurions-nous une foi, tant que nous n'avons pas une idée maîtresse d'enseignement ?

« Dans l'enseignement moderne se continue, en grande partie, cet élan qui a été donné dans l'enseignement primaire. Je vous assure que la partie de cet enseignement que je connais, c'est-à-dire le français, la littérature, l'histoire, la géographie, la morale, peuvent former un tout intéressant au premier chef et de nature à passionner les élèves.

« En résumé, mon opinion sur la réforme de l'enseignement secondaire, c'est que je voudrais la fusion de l'enseignement moderne avec l'enseignement classique. Mais si l'enseignement devait être maintenu séparément, je suis certain que, affranchi de toutes les entraves qui l'enserrent, son essor serait assuré. »

Ces dépositions appellent quelques commentaires.

nique et M. Buquet, directeur de l'École centrale, corroborent le témoignage de M. Foncin.

« *M. Buquet.* — Ils sont plus sérieux que les autres. Leur supériorité doit venir de là.

« *M. le Président.* — Cela tient peut-être à l'arrivée d'élèves laborieux, sortant des couches nouvelles ?

« *M. Buquet.* — Je le crois ; ils travaillent avec plus de méthode et de régularité. »

S'il est avéré que les élèves de l'enseignement moderne ne deviennent pas, *en général* (1), des « virtuoses de la plume », ce qui d'ailleurs ne serait guère regrettable, puisque personne ne conteste qu'il n'y en ait assez, si ce n'est trop, le fait s'explique, comme le dit M. Foncin, moins peut-être par la nature de l'enseignement lui-même (programmes et méthodes), que par l'origine sociale des élèves et les conditions défectueuses de recrutement. Ce n'est pas tout. Par la force des choses, étant donné que l'enseignement moderne ne peut conduire, dans le système actuel, ni au professorat (lettres), ni au droit, ni à la médecine, les élèves se préparent aux carrières scientifiques et, conséquemment, l'orientation générale est plus scientifique que littéraire.

Enfin, lorsqu'on compare les résultats des deux enseignements, on oublie toujours que l'enseignement moderne est plus court que le classique d'une année. On oublie qu'un élève de 2ᵉ (moderne) (c'est de celui-là que parlent MM. Langlois et Espinas) n'a, à son actif, que cinq années d'études secondaires, et que son camarade de rhétorique en a six. Or, on devine le prix d'une année, lorsqu'il s'agit de parfaire une éducation littéraire.

En bonne justice, il faudrait comparer, à un

(1) Il y a des exceptions. Voir, dans les *Recueils des compositions du concours général*, la copie d'un élève *moderne* sur ce sujet : Lettre de Michelet à Mommsen.

élève de rhétorique, non pas un élève de 2ᵉ (moderne), mais un élève de 1ʳᵉ (lettres).

Si donc, au point de vue littéraire, au point de vue *formel* devrait-on dire, l'enseignement classique semble conserver sa prééminence, il ne faut pas se hâter de conclure qu'il la conservera toujours. Cela est fort possible et, d'ailleurs, la raison d'être du moderne n'en serait pas atteinte, mais il faut attendre une expérience plus régulière pour établir une conclusion impartiale et définitive.

Dès aujourd'hui, pour tous les esprits non prévenus, une mesure s'impose. L'équivalence des résultats appelle l'égalité des sanctions. Comme le dit M. Foncin, c'est une question de justice et de logique :

« *M. le Président.* — Vous lui (à l'enseignement moderne) donneriez immédiatement l'égalité de sanction ?

« *M. Foncin.* — Sans hésitation.

« *M. le Président.* — Vous croyez qu'il a fait assez ses preuves pour que ce ne soit pas une aventure ?

« *M. Foncin.* — Oui, je dirai même que c'est une affaire de bonne foi. Vous créez un enseignement que, d'une part, vous déclarez l'équivalent du classique, et d'autre part vous lui retirez ce que vous lui accordez. Vous l'empêchez de conduire jusqu'au droit et à la médecine. Ce n'est pas logique et ce n'est pas juste.

L'égalité de sanction serait-elle un danger pour l'enseignement classique latin.

Il apparaît, dès qu'on a réfléchi sur cette question, de l'égalité de sanction, que tous les arguments contre ne sont que des arguments de façade. Derrière se cache la vraie raison de l'hostilité à cette mesure, à savoir la crainte que la dualité — avec l'égalité — n'amène à brève échéance la mort de l'enseignement classique latin.

L'enseignement moderne plus court d'un an, plus facile, plus utilitaire (langues vivantes), plus accessible aux élèves des écoles primaires et primaires supérieures, sera, dit-on, préféré par la grande majorité des élèves. La mauvaise monnaie, disent les détracteurs de l'enseignement moderne, chassera la bonne. Bientôt l'enseignement classique délaissé n'aura plus qu'à disparaître au grand préjudice de l'enseignement secondaire et du génie français.

Voilà l'objection véritable. On sent à la lecture des documents de la Commission d'enquête que cette objection hante l'esprit de tous : déposants et commissaires. M. le Président traduit cette préoccupation — non pas une fois — mais en toute occasion, dès que l'égalité de sanction, à laquelle il est d'ailleurs favorable, est en discussion.

» *M. le Président* — Vous ne craignez pas que

l'enseignement classique soit sacrifié à un enseignement d'une durée plus courte ?

« *M. Darboux.* — Non, surtout en France où l'on
a du goût pour les études classiques. »

Beaucoup témoignent du même optimisme que
M. Darboux.

Ils croient que la connaissance du latin et du grec
par la force de la tradition, et aussi par la supériorité réelle que cette connaissance donnera à ceux
qui en seront pourvus, conférera toujours, en dépit
de la non-consécration officielle, le privilège d'être
d'une aristocratie intellectuelle sans égale.

D'autres, et parmi eux les meilleurs amis de
l'enseignement classique, font valoir que cet enseignement fût-il réduit à une minorité d'élèves béné-
voles et capables, il n'y aurait pas là un mal, mais
un bien puisque socialement et pédagogiquement il
ne saurait convenir qu'à ceux-là.

Il y a en France dans les divers établissements
d'enseignement secondaire (collèges, lycées, établissements congréganistes, séminaires, institutions
laïques) 84.000 élèves qui s'adonnent aux études
gréco-latines. L'Angleterre en a cinq fois moins ;
l'Autriche et l'Italie en ont la moitié tout au plus.
Peut-on sérieusement craindre qu'un jour — même
avec l'égalité de sanction — la France manque de
latinistes ?

*2° bis. — La dualité avec égalité. Deux enseigne-
ments l'un littéraire, l'autre scientifique.*

Les deux conceptions qui viennent d'être exposées si différentes qu'elles soient, se ressemblent en ce point qu'elles considèrent les deux types d'enseignement secondaire, classique ou moderne, comme étant deux enseignements *littéraires*. Ne serait-il pas plus logique et plus fécond de les concevoir l'un comme type d'enseignement *littéraire*, et l'autre comme type d'enseignement *scientifique*. C'est là l'idée essentielle de la magistrale déposition de M. Berthelot.

« L'enseignement moderne, pour être réellement fructueux à ses élèves et à la France, doit communiquer à ses élèves des connaissances susceptibles de devenir utiles plus tard ; c'est-à-dire de leur permettre de concourir, par eux-mêmes et en vertu de leur initiative propre, aux progrès incessants des sociétés modernes, progrès fondés sur les sciences et sur leurs applications.

« Je parle de l'enseignement *scientifique* en général et non de l'enseignement professionnel, qui en découle d'ailleurs, et sur lequel je reviendrai tout à l'heure.

« A l'heure actuelle, et dans l'état présent de la civilisation des races européennes, il faut que l'esprit de nos enfants s'habitue de bonne heure aux *conceptions* et aux *méthodes* scientifiques, en un mot à tout l'ensemble des idées qui caractérisent la civilisation moderne : ce sont ces conceptions, ces méthodes, ces idées qui devraient prédominer dans l'enseignement. A ce point de vue, je pense que l'enseignement moderne a été en partie faussé.

« A ses débuts, on lui avait donné une forme scientifique assez générale, que l'on a restreinte de plus en plus, jusqu'à un degré tel que l'on en a fait une véritable doublure de l'enseignement classique : en s'imaginant qu'il suffisait d'y remplacer les langues anciennes, grec et latin, par les langues modernes : l'allemand et l'anglais et, dans certaines régions, par l'italien, l'espagnol ou même l'arabe, tout en conservant le caractère essentiellement littéraire du vieil enseignement classique.

« Sans doute, je suis le premier à reconnaître que l'idée d'enseigner ces langues modernes est excellente, mais non celle d'en faire un enseignement classique et littéraire.

« C'est là le vice peut-être le plus grave de ce nouvel enseignement. En effet, une telle conception a eu pour résultat, non-seulement d'y amoindrir le rôle des sciences, qui aurait dû être prépondérant, mais d'entraver la connaissance des langues vivantes elles-mêmes. A l'heure présente, dans l'enseignement moderne, les élèves n'acquièrent pas une connaissance réelle, effective, ni de l'allemand, ni de l'anglais, ni des autres langues modernes. On ne leur apprend ni à les parler ni à les écrire, de façon à pouvoir en faire un usage pratique. Au lieu de cela on enseigne aux élèves à admirer les beautés littéraires des auteurs allemands et anglais, de la même façon et par les mêmes procédés par lesquels on apprend aux élèves de l'enseignement classique ancien à admirer les beautés littéraires des auteurs grecs et latins. On a calqué pour ce prétendu enseignement moderne le moule du vieil enseignement classique.

« La chose est arrivée par suite d'une conception inexacte de sa destination, et surtout parce que l'on a choisi les mêmes professeurs, élevés dans les mêmes établissements, c'est-à-dire ayant tous passé par la même filière de l'agrégation.

« L'esprit de ces professeurs est rompu ainsi à de certaines méthodes, en dehors desquelles ils ne comprennent pas leur rôle éducateur. J'ai entendu maintes fois des professeurs d'allemand ou d'anglais qui se considéreraient comme déshonorés s'ils apprenaient à leurs élèves à parler et à écrire pour l'usage courant les langues qu'ils enseignent. « C'est » aux maîtres de langues à faire cette besogne », et ils la méprisent.

« L'idée fondamentale de ces professeurs, fort honorables et fort instruits d'ailleurs, c'est qu'ils doivent enseigner avant tout les auteurs classiques allemands ou anglais, c'est qu'ils doivent commenter Gœthe, Shakespeare, Schiller, comme on le fait dans les classes de lettres, pour les grands auteurs grecs ou latins, Homère, Sophocle, Cicéron.

« Il résulte en outre de cette idée fausse ce grave inconvénient que, dans l'enseignement moderne, les professeurs de langues tendent à fausser notre culture nationale française, en substituant aux auciens, qui représentent pour nous des traditions d'origine, la tradition allemande, ou la tradition anglaise. Or il est évident que nous ne devons pas prendre comme type la culture allemande ou anglaise. Certes, je ne veux pas dire que nous ne devions pas les faire connaître à nos élèves ; mais seulement à titre secondaire, en les subordonnant, pour la France, du moins, à une culture purement française, et seulement comme conclusion finale de la connaissance pratique de l'allemand et de l'anglais, préalablement acquise. Tandis qu'au contraire les procédés d'éducation suivis aujourd'hui ont pour effet de faire regarder une semblable connaissance pratique comme superflue, ou du moins accessoire ; ainsi qu'elle l'est devenue pour le grec et le latin.

« Dans l'enseignement moderne, il doit exister assurément une portion littéraire considérable ; mais cette portion doit être tirée des auteurs français.

« En un mot, si l'enseignement littéraire cesse d'avoir pour base le grec et le latin, il doit avoir désormais pour fondement, en France, la langue française. Quant aux langues modernes, comme l'allemand ou l'anglais, on doit, je le répète, rechercher surtout leur utilité pratique, c'est-à-dire qu'on doit enseigner avant tout à les parler et à les écrire.

« Je voyais encore ces jours-ci de gros industriels belges, qui se plaignaient en disant : « Nous sommes « obligés, pour nos affaires, de prendre les jeunes

« gens allemands qui nous arrivent, parlant aussi
« et écrivant le français. C'est qu'ils sont capables,
« quoique moins bien que vos nationaux, de rédiger
« nos lettres commerciales et de s'entretenir indif-
« féremment soit dans leur propre langue, soit en
« anglais, soit en français.

« Au contraire, quand nous prenons un Français,
« il est d'ordinaire incapable d'écrire en allemand
« et en anglais une lettre d'affaires, ou de soutenir
« une conversation. »

« Telle est la plainte universelle.

« L'enseignement moderne aurait dû remédier à
cet état de choses.

« Voici une autre faute, très grave également,
commise dans l'organisation de l'enseignement
moderne. Quand on l'a organisé, et j'ai assisté à
cette organisation, on s'est aperçu qu'en lui assurant
sa durée légitime, elle comportait deux années de
moins que l'enseignement moderne classique. Aussi-
tôt, le souci fondamental des directeurs a été
d'ajouter deux ans à l'enseignement moderne, pour
qu'il ne pût pas finir plus tôt.

« Or il eût été préférable de toute façon que cet
enseignement moderne comportât deux années de
moins, afin que les jeunes gens puissent les consacrer aux études professionnelles.

« Aujourd'hui les jeunes gens qui veulent entrer
dans les carrières industrielles, ou scientifiques, y
entrent trop tard : leur esprit n'a plus la même
souplesse, ni la même facilité à se prêter aux études

professionnelles. Avec les deux années que l'enseignement moderne aurait laissées disponibles, la place nécessaire était toute trouvée.

« Pour les études agronomiques, il y a aussi un certain nombre de matières qu'il faut s'assimiler de bonne heure.

« Il en est de même pour les études industrielles, surtout pour celles qui exigent certaines connaissances scientifiques; je citerai ces industries de l'électricité, qui prennent partout une extension énorme et qui réclament, au point de vue pratique, des connaissances scientifiques très approfondies. Des écoles d'électricité se sont fondées pour ces objets en Suisse et en Belgique. En France, on commence d'ailleurs à en organiser.

« Or ces matières relèvent de l'enseignement moderne. C'est là une des raisons pour lesquelles il y aurait eu tout profit, je le répète, au point de vue social, à ce que cet enseignement demeurât plus court de plusieurs années que l'enseignement classique, afin de rendre possibles les études professionnelles dès l'adolescence.

« Tout au contraire, on s'est ingénié à allonger l'enseignement moderne, sous l'empire de vues un peu étroites, et dans la crainte que sa brièveté plus grande ne nuisît à l'enseignement classique.

« Telles sont les causes pour lesquelles j'aurais voulu que l'enseignement moderne ne fût pas donné dans les mêmes établissements, ni par les mêmes méthodes, ni par le même personnel que l'enseignement classique ; attendu que l'un de ces enseignements réagit d'une manière nécessaire sur l'autre, lorsqu'ils relèvent d'un même organisme.

« Cet inconvénient ne se serait pas produit si l'on avait institué un enseignement moderne et autonome.

« Reste cette question : Le diplôme de l'enseignement moderne peut-il donner accès aux Facultés de droit et de médecine ? Ici, il ne s'agirait plus d'un diplôme, mais d'un certificat d'études. Or, je ne vois pas pourquoi ce certificat ne serait pas équivalent, dans ce cas, au baccalauréat de l'enseignement classique.

« En ce qui touche l'Ecole de droit, n'étant pas légiste, je ne suis pas compétent ; mais je ne crois pas que, pour cette faculté, l'équivalence des deux enseignements présente de grosses difficultés. Je me suis entretenu, à ce sujet, avec diverses personnes.

« En effet, la Faculté de droit a ses contrôles, ses examens propres. En cette matière, les jeunes gens doivent faire preuve de capacité ultérieure ; et du moment qu'ils auront préalablement prouvé qu'ils ont participé, soit à la culture classique, soit à la culture moderne, il serait étrange qu'on ne leur donnât pas les mêmes facilités.

« Quel inconvénient y a-t-il au point de *vue social* ? Je ne vois pas en vertu de quel principe on allongerait, arbitrairement, les études de tout le monde, au profit égoïste des études littéraires. Pour le choix entre l'enseignement classique et l'enseignement moderne, en définitive, ce sont les familles qui sont compétentes. Ce sont elles qui savent quelles dispositions l'enfant peut avoir, quelle carrière il doit poursuivre. Je n'envisage pas, en ce moment, l'utilité que peut avoir l'un ou l'autre enseignement. Ceux qui auront le goût de l'enseignement classique le prendront tel qu'il est, avec sa durée plus longue. Ceux qui voudront arriver plus vite à un but pratique, iront à l'enseignement moderne. Cela amènera, peut-être, une diminution considérable dans le nombre de jeunes gens qui se destinent aux études classiques. Mais enfin nous n'avons pas à envisager une conséquence qui n'intéresse que certaines classes, mais plutôt l'*utilité sociale*. Je ne vois pas d'utilité sociale à ce que l'immense majorité de notre jeunesse soit ainsi forcée de suivre une carrière qui a fait tant de *fruits secs ou de déclassés*. Je vois bien plus d'avantages à ce qu'ils aient la liberté d'aboutir à une profession utile et fructueuse pour la société. Je ne recule donc pas devant cette conséquence (1). »

(1) Certaines Chambres de Commerce préconisent le système de M. Berthelot, celle de Bourges notamment qui cite et commente et approuve la déposition du grand savant, ancien ministre de l'Instruction publique.

L'insuffisance des études scientifiques dans le système actuel.

M. Berthelot a bien raison de plaider pour les sciences, car elles sont sacrifiées dans le système actuel : la preuve en est dans la disproportion entre le nombre des bacheliers ès lettres et des bacheliers ès sciences. Pléthore pour les lettres, déficit pour les sciences. M. Darboux s'est inquiété de cette anomalie d'autant plus étrange, que les sciences progressent tous les jours et sollicitent de plus en plus l'activité intellectuelle et pratique.

La statistique des baccalauréats classiques et modernes de 1888 et 1896 est éloquente à ce sujet.

	1888-1889	1897-1898
Baccalauréats littéraires . .	3.911	5.162
Baccalauréats scientifiques .	3.280	2.479

Ainsi depuis dix ans, l'écart entre le nombre des baccalauréats scientifiques a augmenté. « Voilà un résultat bien inquiétant », s'écrie M. Darboux. A une époque où les sciences voient leur rôle et leur place grandir chaque jour le nombre des bacheliers scientifiques (déjà insuffisant en 1888) a diminué d'un quart. Le remède indiqué par M. Darboux, qui est partisan convaincu de la coexistence des deux enseignements classique et moderne et qui ne veut amoindrir ni l'un ni l'autre, estimant qu'ils ont un égal droit de vivre, c'est, d'une part dans l'enseignement classique la bifurcation, soit après la 3ᵉ, soit après la 2ᵉ, vers deux sections d'études distinctes; l'une plus littéraire, l'autre plus scientifique — et d'autre part, — l'égalité de sanctions qui permettra à l'enseignement moderne, c'est-à-dire à un enseignement plutôt scientifique, un recrutement normal.

Ces doléances ne sont pas le fait des seuls savants. On en trouve l'écho dans le pays lui-même, témoin ce passage emprunté au rapport approuvé par le Conseil général de Tarn-et-Garonne.

« Tout le monde est d'accord sur la nécessité de relever les études scientifiques dans notre pays. Le Ministre de l'Instruction publique signalait en 1896 toute l'étendue du mal en déclarant que nombre de nos industries scientifiques sont forcées de se recruter à l'étranger. Il faut attirer nos étudiants dans les facultés des sciences, mais pour cela il faut d'abord mettre ces jeunes gens à même d'en suivre l'enseignement, et c'est ce que l'organisation actuelle des études ne permet qu'à un trop petit nombre.

« Il y a cinq ans que la classe de mathématiques préparatoire est supprimée et on voit nettement maintenant quel coup funeste sa disparition a porté aux études scientifiques. Le recrutement des grandes écoles est d'année en année plus mal assuré, les classes de mathématiques spéciales notamment sont devenues d'une faiblesse extrême.

« Veut-on quelques chiffres et des exemples ?

« Citons d'abord la diminution du nombre des candidats à l'École polytechnique :

« En 1893 . . . . 1.715
　　1894 . . . . 1.669
　　1895 . . . . 1.597
　　1896 . . . . 1.300
　　1897 . . . . 1.049

« Si encore la qualité compensait la quantité, il n'y aurait qu'à se réjouir, mais il s'en faut de beaucoup. L'Ecole polytechnique s'est même vue dans la nécessité, en présence de l'affaiblissement progressif du niveau des examens, de réduire à partir de 1897 le programme des connaissances mathématiques dont les candidats ont à faire preuve.

« L'Ecole centrale ne voit pas le nombre de ses candidats diminuer, à cause du privilège dont elle jouit de faire faire comme officiers à ses élèves leur unique année de service militaire, mais elle a été forcée, à partir de 1897, d'abaisser en mathématiques le niveau de son programme d'admission. A partir de 1897, la même année, le programme des connaissances mathématiques exigées à l'admission de Saint-Cyr a subi la même amputation jugée nécessaire par la préparation insuffisante que reçoivent forcément les candidats dans les classes qui précèdent le cours directement préparatoire à Saint-Cyr. »

L'unité et la diversité.

Le système de M. Berthelot instituerait deux enseignements parallèles : l'un à base littéraire, l'autre à base scientifique, avec égalité de sanction.

M. A. Bertrand, professeur de philosophie à la Faculté de Lyon, propose une révolution plus radicale qui, renversant l'ordre établi — et à ses yeux suranné — mettrait à la base de tout l'enseignement secondaire non les lettres, mais les sciences.

Un enseignement littéraire avec complément scientifique, voilà le passé ; un enseignement scientifique, avec complément littéraire, voilà l'avenir !

Cette thèse, très séduisante, vaut qu'on s'y arrête.

L'enseignement classique, dit-il, est en pleine décadence, et la cause en est facile à reconnaître :

« C'est l'invasion des sciences ; elles se sont précipitées toutes ensemble dans un système préparé uniquement pour l'enseignement des lettres et l'ont brisé. Cette invasion des sciences est-elle un bien, est-elle un mal ? question oiseuse, puisque c'est une loi, une nécessité. Ce qui est certain, c'est que nous n'y pouvons rien. Nous ne pouvons ni rétablir les lettres grecques et latines dans leur splendeur première, ni supprimer les sciences qui, fortes des besoins de la vie moderne, ne se laisseraient pas éliminer ou seulement diminuer.

« Ce qui a manqué aux grands pédagogues de la Révolution, à Condorcet, par exemple, pour fonder sur le roc l'enseignement secondaire national — (à mon avis, l'enseignement secondaire est en décadence depuis cette époque) — c'est une classification des sciences. Qu'on relise le célèbre rapport de Condorcet, on aura le spectacle d'un très puissant esprit dévoyé, presque frappé d'impuissance parce qu'il travaillait sur une classification des sciences défectueuse, celle de Bacon, revue mais non rectifiée par d'Alembert, classification dans laquelle les sciences s'enchevêtrent et chevauchent les unes sur les autres.

« Voilà pourquoi on n'a rien fait de définitif en ce qui concerne l'enseignement secondaire pendant la Révolution. Et je désire qu'on ne se méprenne pas sur mes intentions ; je ne demande pas plus de sciences, j'y insiste, je ne demande pas moins de lettres, mais si l'on considère les sciences, non les lettres, comme l'ossature intérieure des études, le noyau, le centre, je constate que tout devient intelligible et qu'il n'est plus besoin d'autant d'orbes et d'épicycles pédagogiques. Ce serait le terme d'une évolution ou l'achèvement d'une révolution qui se fait actuellement sans nous, sinon malgré nous.

« Je désire ardemment cette réforme unique, parce qu'elle peut mettre fin aux réformes de détail qui se détruisent l'une l'autre et qui tuent l'enseignement.

« Depuis trente ans l'histoire de notre enseignement secondaire tient en trois mots que j'emprunte à Voltaire : on réformait, réformait, réformait !

« Les réformes de détail n'étaient nullement mauvaises chacune prise à part ; ceux qui les ont faites avaient les meilleures intentions ; elles ont eu, au moment précis où on les réalisait, leur nécessité, partant leur utilité ; je cherche donc la logique de ces réformes, leur ligne de convergence et je trouve qu'il y a au fond unité de direction, en dépit des tâtonnements, des hésitations, même des retours en arrière.

« Cette orientation des réformes c'est, pour la définir en un mot, l'introduction progressive, mais peu méthodique, des sciences dans l'enseignement secondaire : ce fut l'esprit de l'enseignement « moderne » de M. L. Bourgeois. Rien de plus légitime ; n'espérons pas remonter le courant ; ne barrons pas le chemin aux sciences ; endiguons-les pour qu'elles ne détruisent plus, mais fécondent et enrichissent ; hâtons-nous de leur faire leur juste part, de peur qu'elles n'envahissent tout l'entendement et tout l'enseignement.

« Je vais essayer d'adapter à la réforme de l'enseignement la classification des sciences d'Auguste Comte. Non que je prône ou que je prêche le positivisme, mais parce que la classification de Comte détachée du système me semble éminemment propre à guider la pédagogie de l'enseignement secondaire. Tout le monde sait qu'elle échelonne et hiérarchise les sciences de la mathématique à la morale : 1° mathématiques; 2° astronomie; 3° physique; 4° chimie; 5° biologie; 6° sociologie; 7° morale.

» C'est l'ordre du développement historique des sciences. Avec Comte, je crois que chaque esprit individuel se développe comme s'est développée l'humanité : intervertir l'ordre naturel et lui substituer un plan artificiel d'études, rien n'est plus dangereux.

» L'ordre historique est aussi le meilleur ordre pédagogique, et celui-ci ne fait qu'abréger les étapes. Il ne les supprime et ne les intervertit qu'à ses dépens.

» Il me reste d'ailleurs à exposer ce que je pense de l'enseignement des lettres, complément nécessaire des sciences. C'est de l'étude des lettres surtout que viendra la variété. Les études littéraires consisteront essentiellement en deux langues — seulement je ne dis pas deux langues *vivantes*. Je dis : deux langues, outre l'étude approfondie du français, et je laisse une liberté absolue à l'élève de résoudre pour son compte personnel, à ses risques et périls, ce qu'on a appelé la « question du latin ». L'élève, loin de se borner à son bagage scientifique, doit, outre le français, étudier à fond deux langues : je l'exhorterai, avec une profonde conviction personnelle, à choisir sans hésiter pour une de ces langues le latin.

» Quant au grec, c'est un sacrifice nécessaire. La

raison? Pas d'autre que celle-ci, la capacité cérébrale a des bornes. On ne peut loger dans une tête, même bien faite, d'adolescent et la science et l'érudition : il faut opter. L'art d'enseigner a cela de commun avec l'art d'écrire qu'il consiste à choisir et vit de perpétuels sacrifices. M. Fouillée, le grand interprète de Socrate, de Platon, qui connaît le « divin Platon » mieux qu'il ne se connaissait lui-même, semble se résigner à abandonner le grec ; je suis sûr qu'il ne le fait pas de gaieté de cœur et sans déchirements.

» Le principal avantage de mon plan, et je tiens à le faire ressortir, c'est que notre enseignement secondaire étant réorganisé sur la *base scientifique*, ce serait l'unité de vie et d'esprit, une réelle homogénéité introduite enfin dans nos trois degrés d'enseignement. Plus de solution de continuité entre le primaire et le secondaire. L'enseignement secondaire est la pièce essentielle du système, le pivot des deux autres degrés d'enseignement. Je ne saurais trop répéter que je le caractérise par ce seul mot : il est un enseignement *théorique* et ce caractère l'oppose nettement à l'enseignement primaire, qui est empirique et à l'enseignement professionnel qui est immédiatement utilitaire et pratique. Actuellement, un élève de primaire qui veut entrer en secondaire est obligé, théoriquement du moins, de se remettre pour ainsi parler à la queue, de recommencer en 6e par les éléments du latin, tandis qu'une bonne organisation, je dis bonne au point de vue pédagogique et au point de vue démocratique, permettrait à un très bon élève de l'enseignement primaire de devenir d'emblée un bon élève de l'enseignement secondaire. C'est un point de très grande portée sociale ; c'est le recrutement de *l'élite* sur une base de sélection exactement coextensive au *suffrage universel.* »

4° *La superposition.* — *Les deux cycles.*

Il reste à exposer un système qui concilie les deux autres, le système de la superposition : un enseigement unique, commun à tous, obligatoire, formant un tout complet et se suffisant à lui-même, jusqu'à treize ou quatorze ans environ (4° d'aujourd'hui), puis une dualité et même une pluralité d'enseignements divergents au-dessus — un même tronc — duquel s'élanceraient librement vers la lumière branches et rameaux : tel apparaîtrait l'arbre pédagogique.

M. Foncin, appuyé d'ailleurs d'un très grand nombre d'universitaires (1), dont il est l'interprète autorisé, a exposé avec force ce système. L'enseignement secondaire serait divisé en deux cycles : le premier, de dix à quatorze ans, le deuxième, de quatorze à dix-sept ou dix-huit ans.

« Essayons de préciser le caractère particulier de chacun de ces deux cycles.

(1) MM. Salomé, Jules Gautier, Jamet, etc., etc.

« Dans le premier, nous avons affaire à des enfants de dix à quatorze ans. Etant donné cet âge, il faudra surtout exercer leur mémoire et éveiller leur imagination.

« Dans le second cycle, au contraire, nous sommes en présence d'adolescents de quatorze à dix-sept ans : il faudra surtout fortifier leur raison et atteindre leur cœur.

« Les matières enseignées dans les deux cycles pourront être, sinon les mêmes, du moins de même nature ; mais il faudra les enseigner différemment, en s'occupant surtout des mots et des faits dans le premier cycle, des sentiments et des idées dans le cycle supérieur.

« Dans la première période, on s'efforcera de donner à tous une première et solide formation, sans s'occuper des vocations possibles ; dans la seconde, sans négliger la formation générale de tous, on pourra, je ne dis pas préparer, mais au moins découvrir les vocations possibles de chacun.

« Je vais plus loin ; dans les quatre premières années, l'enseignement sera le même pour tous, il formera en quelque sorte le tronc de l'arbre ; dans le cycle supérieur, à côté d'un enseignement principal obligatoire pour tous, il y aura des cours spéciaux dont le choix sera libre et que je comparerai aux rameaux naissant autour de la tige maîtresse ; mais l'arbre n'aura toutes ses branches que dans l'enseignement supérieur.

« Quel sera donc le programme de l'enseignement

secondaire? Après tout ce qui vient d'être dit, nous pouvons le prévoir, car cela revient à se demander quels sont les enseignements nécessaires à toute l'élite d'un grand peuple.

« Nous voulons former des hommes droits et justes, en même temps que robustes et endurants, de bons Français, connaissant bien leur patrie et l'aimant d'un amour raisonné, capables de se sacrifier au besoin pour elle ; des hommes éclairés et lucides, au courant des ressources et des avantages de nos concurrents, quels qu'ils soient, ayant l'esprit ouvert sur toutes les grandes questions du monde moderne, bien armés pour la lutte, prêts à l'affronter, capables de se conduire et de conduire autrui.

« Les articles fondamentaux, les premiers articles de notre programme seront d'abord l'éducation de la volonté, fortifiée à la fois par un enseignement moral et des exercices physiques sagement gradués ;

« 2° L'enseignement de la langue et de la littérature nationales ;

« 3° L'enseignement de l'histoire et de la géographie ;

« 4° L'étude comparée des civilisations ou du moins des grandes civilisations ;

« 5° La connaissance des éléments des sciences et de toutes les grandes découvertes qui, depuis un siècle, ont renouvelé le monde.

« Enfin, l'étude d'une langue étrangère, à la fois la plus différente possible de la nôtre et la plus nécessaire à connaître. A mon avis, cette langue ne saurait être que l'allemand.

« Quant au latin et au grec, — je prévois l'objection, — ils ne figureraient pas dans le programme de l'enseignement secondaire proprement dit ; jusqu'à l'âge de quatorze ans, nos enfants n'apprendraient pas le latin. On me demandera pourquoi... Mais pour bien des raisons, dont quelques-unes sans doute vous ont été dites :

« C'est que la connaissance des langues mortes n'est utile qu'à une faible partie de l'élite française et qu'il serait vraiment abusif de l'imposer à tous ; c'est que le nombre et l'étendue des matières de l'enseignement urgentes et nécessaires s'est tellement accrû depuis un siècle, qu'il est difficile aujourd'hui de maintenir, dans nos programmes, l'enseignement des langues mortes pour la majorité des élèves. C'est que l'étude de l'allemand pourra être une excellente gymnastique, comparable à la gymnastique gréco-latine.

« C'est que, actuellement, beaucoup de nos bacheliers sont peu capables d'expliquer à livre ouvert un texte latin même facile ; quant au grec, la plupart l'ignorent. J'ajouterai que nous espérons enseigner en français à nos élèves la connaissance des institutions, des littératures et des arts de l'antiquité à peu près aussi bien qu'on l'a fait jusqu'à nos jours en expliquant des textes latins ou grecs.

« Qu'il ne soit donc plus question, ni d'enseignement classique, ni d'enseignement moderne.

« Cessons d'opposer professeur à professeur, programmes à programmes, enseignement à enseignement, élèves à élèves. Il faut que l'enseignement secondaire, refondu et approprié à notre temps, redevienne et reste uniquement l'enseignement secondaire tout court et sans épithète.

« Le centre de cet enseignement, l'âme qui le fera vivre, le feu sacré qui soutiendra le zèle des professeurs et des élèves, sera le culte de la patrie française et de toutes les grandes idées morales qu'elle incarne. Tous les programmes devront être groupés autour de cette pensée dominante et primordiale.

« Dans le cycle de l'enseignement secondaire supérieur au contraire, à côté de l'enseignement principal qui serait obligatoire pour tous, les élèves pourraient suivre des cours spéciaux entre lesquels ils auraient le choix, faisant ainsi une première expérience de leur vocation. Ces cours correspondraient aux trois grandes divisions de l'activité nationale. Il y aurait d'abord des cours de latin, (je ne parle pas du grec, qu'il faudrait peut-être abandonner), pour ceux qui se sentiraient la vocation des lettres, de l'érudition, du droit, de l'enseignement.

« En second lieu, il existerait des cours de sciences pour ceux qui aspireraient aux grandes écoles et à toutes les carrières scientifiques : Ecole polytechnique, Ecole centrale, Ecole de Saint-Cyr, etc.

« Il y aurait enfin des cours de notions agricoles, industrielles, commerciales et coloniales, pour ceux

— et ils devraient être la majorité, — qui seraient tentés surtout par l'activité économique.

» Ajoutons un cours de langue vivante qui serait, suivant les régions, soit l'anglais, soit l'italien, soit l'espagnol. »

Le système exposé devant la Commission, par M. Foncin, compte de nombreux partisans dans les Chambres de Commerce, notamment à La Rochelle, à Dieppe, à Chartres, à Rouen, à Armentières :

« Nous ne sommes pas les adversaires des lettres et s'il était possible aux négociants et aux industriels de posséder toutes les connaissances qu'exigent leurs affaires et d'avoir en même temps l'esprit orné de toutes les beautés de la littérature, ce serait parfait. Mais nous savons que ce résultat ne peut être obtenu que par quelques intelligence supérieures. Il faut donc choisir et, en présence des difficultés toujours grandissantes, l'hésitation n'est guère possible; il est indispensable de donner aux futurs commerçants des connaissances pratiques et solides qui leur permettent de soutenir avantageusement la lutte. Nous croyons que l'on éviterait les inconvénients que nous avons signalés si, dans les lycées et collèges, les élèves ne commençaient les études classiques que vers la troisième.

« Jusqu'à la quatrième l'enseignement serait le même pour tous ; il ne comprendrait que les connaissances générales et les langues vivantes. Comme

13.

le latin et le grec ne feraient plus partie du programme, on pourrait relever le niveau de cet
enseignement.

« Après cette première période, il y aurait bifurcation ; les aptitudes des élèves s'étant mieux révé-
lées, ils se dirigeraient soit vers la littérature, soit
vers les sciences ou enfin vers l'enseignement commercial pour se préparer aux écoles supérieures de
commerce.» (*Chambre de Commerce d'Armentières.*)

« C'est pourquoi nous trouvons que la bifurcation
à la sixième est prématurée, il est difficile à cet âge
de connaître l'aptitude de l'élève, et les deux enseignements y gagneraient à se confondre jusqu'à la
quatrième. Ils conserveraient l'un et l'autre, et
comme cela doit être, l'égalité dans l'opinion. »
(*Chambre de Commerce de Dieppe.*)

« Nous considérons que l'enseignement classique
ou moderne devrait être *unique* jusqu'à la quatrième
inclusivement. A la troisième se ferait la bifurcation et, avec cette classe seulement, commence-
raient les études de latin et de grec pour les jeunes
gens qui désireraient les suivre. » (*Chambre de
Commerce de Bourges.*)

Le système de M. Foncin et l'école réformiste allemande.

Ce système d'un enseignement unique à la base, sans langues mortes, n'existe chez nous qu'à l'état de projet : il est chez nos voisins une réalité vivante. M. Pinloche, professeur au lycée Charlemagne, un des hommes les mieux renseignés sur les choses d'Allemagne, donne sur cette question — dans sa déposition devant la Commission, dans son article de la *Revue Pédagogique* (avril 1899) et, enfin, dans son ouvrage sur l'*Enseignement secondaire en Allemagne* — les renseignements les plus complets, les plus récents et les plus authentiques.

« Il ne s'agit plus ici, dit-il, de simples théories ou d'essais isolés ; nous avons sous les yeux un ensemble imposant de faits que tout le monde peut contrôler. A l'heure actuelle, il n'y a pas moins de trente écoles, dont vingt-deux en Prusse, organisées ou réorganisées d'après le *type réformiste*. La ville de Francfort, que l'on peut considérer comme le centre le plus important du mouvement, possède à elle seule trois de ces écoles : le gymnase Goethe, l'école Wœhler et l'école Klinger qui ont servi, avec le gymnase d'Altona, de modèles à toutes les autres. Partout, sauf en Bavière, l'autorité gouvernementale s'est montrée favorable à la réforme, et les villes, notamment, ont tout fait pour en assurer le succès.

« Enfin, l'empereur lui-même a pris une part très active au mouvement et a manifesté le désir de voir toutes les écoles modifiées dans le sens réformiste ; qu'on l'approuve ou non, il y a donc là une évolution dont personne ne saurait nier l'importance et dont il faut préciser le sens et la portée.

« Le caractère fondamental de *l'école réformiste* est de ne commencer l'étude du latin qu'en troisième et de la remplacer par l'étude d'une langue étrangère, qui est généralement le français. Pour rattraper le temps perdu, on donne alors du latin à « haute dose » 10 heures par semaine. Déjà préparés par le français, on nous affirme qu'ils peuvent, dès la fin de l'année, commencer à lire César et, l'année suivante, Horace et Tacite ; quant au grec ils ne l'abordent qu'en seconde, c'est-à-dire qu'il est presque entièrement sacrifié. Enfin, pour les autres élèves, les langues mortes sont remplacées par l'anglais. »

Les objections.

La première objection à ce système si l'on voulait l'appliquer chez nous, c'est la difficulté de bien enseigner le français.
seigner le français.

« Il y a, dit M. Croiset, une raison pour commencer le latin de bonne heure : c'est qu'il est plus facile de bien enseigner le latin à de jeunes enfants que de leur bien enseigner le français.

« Rien n'est plus difficile que de bien enseigner le français et il faudrait, pour que cet enseignement du français pût réussir au début dans des conditions où il est particulièrement difficile, il faudrait être sûr de n'avoir que des professeurs de premier ordre. Ce n'est pas ce qui se produira. On aura toujours, pour ces débuts, des professeurs dont quelques-uns seront très bons, mais dont beaucoup laisseront à désirer. C'est la loi fatale, et on risque d'avoir un enseignement français qui ne produise pas les fruits qu'on en attend. Les professeurs seront tentés de se jeter dans les étymologies et les curiosités grammaticales qui laissent très peu de fruit et ne développent pas l'esprit d'analyse indispensable pour pousser plus loin les études.

« Je suis très frappé pour ma part de voir combien, dans un tout petit exercice élémentaire sur une phrase grecque ou latine, l'esprit de l'enfant travaille ; dès que vous placez un enfant de dix ans en face d'une phrase latine qui a un sujet, un verbe et un attribut, il faut qu'il comprenne que ce vêtement extérieur de la flexion finale manifeste des rapports d'idées qu'il apercevrait sous d'autres apparences dans la phrase française, et qu'il modifie la construction des mots.

« Il lui faut, pour arriver à traduire sa petite phrase

latine, un notable effort d'analyse et un précieux exercice de logique. »

Sans doute, il est plus facile d'enseigner le latin que le français, mais c'est là une objection qui vise non la constitution des programmes pour les élèves, mais la *préparation pédagogique* des professeurs. C'est une question de réforme de l'*agrégation*. Que M. Croiset soit chargé de diriger la préparation des futurs professeurs de français et l'on peut être assuré qu'ils seront excellents.

Voici une objection plus grave. C'est le retard apporté à l'étude du latin.

« *M. le Président.* — Mais vous êtes d'avis qu'il faut, autant que possible, commencer de bonne heure l'étude des langues mortes ! On a soutenu à certaines époques et on soutient aujourd'hui de nouveau que l'on pourrait, après une culture qui ne porterait pas sur ces langues mortes, en commencer utilement l'étude vers l'âge de quatorze ans. Vous ne partagez pas cette manière de voir ?

« *M. Croiset.* — Ce n'est pas mon avis, et je n'en crois pas un mot pour plusieurs raisons.

« L'apprentissage d'une langue, quelle qu'elle soit, comporte une partie technique, de mémoire, une acquisition de matériel qui ne se fait pas bien, passé un certain âge.

« Des savants qui font leur spécialité d'une langue difficile, comme le sanscrit, arrivent après des années

de travail à savoir très bien cette langue, mais elle
ne leur est jamais aussi familière qu'une langue
qu'on a peut-être moins bien sue, mais qu'on a ap-
prise étant enfant. Je me rappelle M. Bergaigne me
disant un jour : « Il y a vingt ans que je fais du
« sanscrit, et cependant, quand je lis un texte sans-
« crit — notez qu'il le savait admirablement, son
« nom a marqué dans la science française et même
« dans la science européenne — quand je lis un
« texte sanscrit, je ne suis jamais aussi tranquille
« que quand je lis un texte grec, quoique je sache
« bien moins le grec ; mais je l'ai appris en classe
« et j'ai commencé le sanscrit à vingt ans. »

« Il y a d'ailleurs des exercices nécessaires qu'un
jeune enfant pratique volontiers, et qu'il repousse-
rait plus tard. Un enfant de dix ans s'amuse à
apprendre des mots d'une langue étrangère ; une
petite règle de grammaire l'intéresse, à la condition
qu'on ne la lui impose pas sans explications, mais
qu'on la lui fasse trouver lui-même.

« A quatorze ou quinze ans, l'enfant est déjà plus
dédaigneux de ces petits exercices qui lui paraissent
médiocres et il n'y met pas le même cœur et le
même plaisir, sa mémoire est plus rebelle parce
qu'elle contient déjà plus de choses, quelles que
soient les études par lesquelles il a commencé ; elle
est moins souple et moins obéissante, moins fidèle
surtout. En matière de langue, il faut commencer
de bonne heure.

« Bien entendu, il y a des *exceptions ;* on peut

citer certains jeunes gens qui ont commencé tard et qui ont réussi. J'en ai connu personnellement un très distingué qui est arrivé à l'Ecole normale à dix-neuf ans, après avoir fait des études primaires jusqu'à quatorze ans. Il y a des exceptions partout et les hommes supérieurs se tirent toujours d'affaire. Mais ce n'est pas pour ceux-là évidemment qu'on doit légiférer. Pour la *moyenne des élèves*, il est tout à fait nécessaire de placer, au début, des études qui à ce moment-là soient adaptées à leur nature d'esprit et à leurs goûts. »

L'argumentation de M. Croiset ne se réfute-t-elle pas d'elle-même, si l'on admet que l'enseignement latin doit être réservé à une minorité d'élèves très distingués? Qu'importe qu'il soit trop tard pour la *moyenne des élèves*, si précisément cette moyenne doit être écartée de l'étude du latin. Pour les élèves vraiment aptes, M. Croiset admet qu'il suffit de commencer à quatorze ans.

C'est l'avis de M. Gréard, de M. Ernest Dupuy, inspecteur général pour les lettres, et d'un très grand nombre de professeurs, forts de leur expérience et prêts à apporter des faits aussi nombreux que probants.

Aussi bien si l'on veut constituer un enseignement unique à la base, il faut résolument exclure le latin. Le latin est vorace, il absorbe tout. On ne fait pas au latin sa part ; il se fait la part du lion. Comme ces arbres vigoureux qui poussent, hauts et larges, et font autour d'eux l'ombre et la mort, le latin par cela même qu'il croît et s'étend gêne et anéantit les études voisines. Conformément à la tradition classique, le latin sera enseigné par le professeur principal, celui qui dispose de la plus grande somme d'heures : il en consacrera la plus grande partie à l'enseignement du latin. Jamais les sciences, jamais les langues étrangères ne seront prospères dans un enseignement à base latine — et *a fortiori* gréco-latine.

Du reste, à quoi bon imposer — dans un premier cycle — commun et même obligatoire à tous, l'étude du latin et du grec qui ne sera profitable qu'à quelques-uns? C'est le droit de la majorité, de la *moyenne* si l'on veut, d'exiger l'enseignement qui lui convient.

Sans doute, diront les partisans des anciennes disciplines, il est possible d'apprendre le latin en ne commençant que vers quatorze ou quinze ans. — Nous l'admettons, mais ne vous hâtez pas de triompher.

Qu'adviendra-t-il en effet ?

De deux choses l'une : ou l'étude du latin ne sera dans ce deuxième cycle que superficielle et rapide, — et mieux vaudrait la supprimer tout à fait, — ou cette étude sera sérieuse et absorbante — et alors elle sera un contre-sens pédagogique! Précisément à l'âge où l'esprit demande un aliment plus solide, *surtout des idées et des faits*, on le nourrit presque exclusivement de formes grammaticales et on l'occupe de déclinaisons et de conjugaisons, de syntaxe et de métrique.

« Il se peut que la nouvelle école constitue un progrès pour les classes inférieures, ce qui d'ailleurs reste à démontrer, mais pour les classes supérieures, c'est un recul. »

(M. de Sallwürk, cité par M. Pinloche.)

Le gymnase réformiste, dit M. de Landmann, ministre de l'Instruction publique (Chambre des Députés de Bavière, 28 mars 1898), m'inspire plus d'appréhensions et d'inquiétudes que l'égalité de sanctions (1), car c'est la hache mise dans la racine de nos études humanistes... Une telle organisation des études me paraît être le commencement de la fin. Je la considère comme un germe de mort pour la culture humaniste. »

Ces objections — *a priori* — peuvent paraître fortes. Mais à quoi bon discuter des théories, alors que les faits vont bientôt être soumis à notre jugement. Les plus belles raisons démonstratives ne valent pas la plus petite expérience. Or l'expérience se fait en Allemagne. « Les avantages extérieurs du nouveau système (l'école réformiste) sont si frappants qu'il a été en général bien accueilli par le

(1) On a vu plus haut que l'égalité de sanctions pour le classique et le moderne (réal) est aujourd'hui un fait accompli en Allemagne.

public, notamment dans les centres de commerce
et d'industrie. Partout il a surgi des établissements,
de Francfort et d'Altona, et tous les jours il s'en
ouvre de nouveaux, grâce aux encouragements des
municipalités. »

Il faut donc attendre la fin de cette intéressante
expérience.

« En 1901, au terme du premier cycle d'études
on pourra voir comment les élèves des écoles réformistes se comportent à leur premier examen de
maturité. Alors seulement on pourra juger les résultats acquis et se faire une opinion définitive sur la
valeur de la réforme. C'est ce qu'a pensé le gouvernement prussien, en inscrivant au budget, pour
une période de cinq années, une somme annuelle de
15,000 marks, destinée à envoyer des professeurs
dans les principales écoles réformistes, à Francfort
et ailleurs, pour s'initier à la nouvelle organisation
des études (1). »

Ainsi l'Allemagne, et cela est tout à l'honneur des
municipalités allemandes et de l'État prussien, nous
devance dans l'expérimentation d'un système qui

(1) On verra plus loin que la Commission a ménagé l'expérience de ce système par l'accès des élèves modernes du premier cycle à des cours gradués de latin qui commencent avec
le deuxième cycle. Nous aurons donc toute une catégorie
d'élèves qui commenceront le latin vers quatorze ou quinze
ans. C'est l'école réformiste au lycée même.

— dans un avenir prochain — pourrait bien apparaître comme la meilleure adaptation de l'enseignement secondaire aux nécessités modernes. Nous devons dire toutefois, à l'honneur de l'Université française, que plus d'un professeur a chez nous, de sa propre initiative, tenté et mené à bien cette entreprise de faire en trois, et même en deux années, un *excellent* bachelier de rhétorique. Mais ces succès, pour nombreux qu'ils soient, ne sauraient être l'objet d'une statistique, étant isolés et n'ayant pas reçu de consécration officielle.

Sur l'ensemble de cette question, M. Jamet, *agrégé des lettres*, professeur de troisième *classique* au lycée de Tours, présente des observations et des propositions techniques et précises, qui peuvent servir de conclusion à ce chapitre.

« Il ne faut ni refuser à personne le bienfait d'un premier cycle complet, ni rendre ce bienfait illusoire par l'introduction d'un élément étranger et accapareur, le latin.

« Aujourd'hui, l'élève de l'enseignement secondaire, classique ou moderne, parvenu au milieu de ses études, à quinze ans, est très inférieur à un écolier du même âge. Il connaît un peu les Assyriens, les Romains, les Carolingiens, les conjugaisons latines ou allemandes, il n'a dans l'esprit *rien de pratique ni de moderne, et n'a pu encore recueillir les fruits de la culture classique.* Or, la moitié des élèves ne poussent pas plus loin leurs études. Rien de plus déshérité, de plus mal outillé pour la vie intellectuelle ou pratique, que les milliers d'élèves qui ne sont allés que quelques années « en pension. »

« Cependant, le retardement des études latines appelle, comme compensation nécessaire, l'emploi d'une méthode de culture intensive, à savoir : 1° dans l'étude de la grammaire, la subordination de l'accessoire à l'essentiel; 2° et surtout, l'usage des traductions juxtalinéaires, commencé dès le premier jour.

« Au bout de la première semaine, l'élève devra posséder ses cinq déclinaisons régulières; au bout de la première quinzaine, il saura en outre les quatre conjugaisons actives, chose d'autant plus facile qu'elles ne diffèrent qu'aux présents, aux deux imparfaits et aux deux futurs personnels. Dès le premier jour, l'élève aura entre les mains une double traduction littérale et française de César, et il devra comprendre et retenir une demi-page du texte latin; à la fin du trimestre, la dose pourra être d'une page et demie; à la fin de l'année, il saura à peu près autant de latin qu'un élève actuel à la fin de sa quatrième, d'autant qu'il aura des aptitudes particulières attestées par l'examen ou le concours terminant le premier cycle, et qu'aucun poids mort ne ralentira la marche de la classe. C'est cette méthode des traductions littérales qu'emploient d'instinct ceux qui préparent le baccalauréat, non en six ans, mais en deux ans, comme aussi ceux qui veulent apprendre vite à lire une langue vivante.

« Il ne s'agit pas cependant de sacrifier la « *gymnastique intellectuelle* ». On emploiera, en même temps que la méthode des traductions, la méthode *éducative* des thèmes et des versions ; la première favorisera la seconde et c'est sur des textes plus difficiles et plus fins que ceux d'aujourd'hui que l'élève exercera et fortifiera ses facultés.

« D'autre part, l'enseignement du français peut et doit, dès le premier cycle et *a fortiori* dans le deuxième cycle, concourir à la formation de l'esprit, sans laquelle il n'y a point de bonne éducation.

« Les professeurs sauront trouver plus d'un bon procédé : en voici un, entre autres, qui peut être tout aussi bien employé dans l'enseignement moderne que dans l'enseignement classique. Le professeur dicte des phrases empruntées aux meilleurs écrivains du dix-neuvième siècle, mais après les avoir déformées et converties en tournures lourdes, aux expressions impropres, incolores et froides, puis il fait retrouver *oralement* aux élèves les tours élégants, les mots précis, pittoresques et vifs du véritable texte.

« Enfin, s'il fallait chercher un compromis entre le système du latin commencé en sixième, et celui du latin commencé au début du second cycle, il y aurait celui du latin commencé la dernière année du premier cycle. On y joindrait même, comme dans les écoles primaires, un peu d'étymologie grecque. De la sorte, non seulement on ne pourrait reprocher à cet enseignement d'être précipité, mais : 1° aucun Français cultivé n'ignorerait tout à fait la langue d'où est sortie la sienne ; 2° les textes de droit romain et les termes de médecine et de pharmacie ne seraient plus aussi rébarbatifs aux élèves de l'enseignement moderne ; 3° dans l'examen final du premier cycle, serait comprise une version latine simple, dont l'interprétation et la mise en français fourniraient de précieuses indications sur la finesse des esprits et leur aptitude à faire soit des études classiques ou modernes, soit des études utilitaires. »

B. *L'enseignement secondaire préparatoire à la vie pratique (Destination utilitaire).*

J'ai tenté d'exposer en toute impartialité les diverses conceptions de l'enseignement secondaire classique ou moderne, un ou multiple, littéraire ou scientifique, mais toujours considéré comme devant aboutir à l'enseignement supérieur. Voyons maintenant comment se présente la conception utilitaire dans les différents plans proposés, soit pour toute la suite des études secondaires quelles qu'elles soient, soit surtout pour leur première partie? Car il ne faut jamais perdre de vue qu'une partie seulement — et non pas la plus nombreuse — des élèves qui reçoivent l'enseignement secondaire, va et doit aller jusqu'au terme; et que les autres, ceux qui s'arrêtent ou doivent être arrêtés en route ont un droit égal à la sollicitude du réformateur.

Nous nous trouvons en présence de trois systèmes :

1° *La juxtaposition et l'inégalité.*

Un enseignement *classique latin.*
Un enseignement *utilitaire.*

2° *La superposition.*

1er cycle : *un* enseignement *commun à tous*, à la fois *théorique* et *pratique.*

2 cycle : une *pluralité* d'enseignements orientés.

{ soit vers l'enseignement supérieur (Facultés, grandes écoles).
soit vers les hautes études commerciales, industrielles et agricoles.

3° *La division tripartite.*

1° Enseignement classique.
2° — moderne. } Tous deux *également* préparatoires à l'enseignement supérieur.

3° — utilitaire, annexe ou complémentaire.

1° *La juxtaposition et l'inégalité.*

Les partisans de ce système établissent à côté de l'enseignement classique nettement et absolument théorique et désintéressé, un enseignement plus court, soucieux avant tout de la vie pratique, tout à fait différent par son but et par sa méthode de l'enseignement classique.

Il n'est pas difficile de reconnaître là l'ancienne dualité de l'enseignement classique latin — et de l'enseignement spécial. Mais cette fois-ci on prendrait ses précautions pour que ce nouvel enseignement spécial ne dévie pas de son but. Naguère l'enseignement spécial au contact de l'enseignement classique est devenu jaloux et ambitieux et peu à peu aux quatre années qu'il comportait on ajouta une cinquième, puis une sixième année, si bien que l'enseignement spécial voulut, lui aussi, être un type d'enseignement secondaire préparatoire à l'enseignement supérieur et aux grandes écoles. Il voulut être et crut être un type d'enseignement secondaire scientifique à côté du type d'enseignement secondaire littéraire.

L'ancien enseignement spécial était excellent, disent ses nouveaux défenseurs, s'il fût resté ce qu'il était, c'est-à-dire un enseignement primaire supérieur, donné dans les lycées et collèges.

Sa résurrection est souhaitée aujourd'hui par tous les partisans de l'enseignement classique latin, unique et sans rival. Chose curieuse, ceux-là même qui naguère ont le plus méprisé et honni « la Béotie » daignent aujourd'hui lui faire une place à côté de leur « Attique ». C'est le cas ou jamais de dire : *Timeo Danaos !* Cette conversion n'est pas un miracle : c'est calcul de légitime défense. La résurrection de l'enseignement spécial, c'est pour certains la mort de l'enseignement moderne et, croit-on, le salut des études latines (MM. Fouillée, Bernès, etc).

Tous ceux-là sont aussi partisans de cette dualité d'un enseignement franchement et exclusivement classique, et d'un enseignement franchement et exclusivement utilitaire, qui voient dans l'enseignement moderne un enseignement hybride, bâtard, qui n'a pas remplacé l'enseignement spécial et ne peut remplacer l'enseignement classique (MM. Paul Leroy-Beaulieu, Levasseur, etc).

Plusieurs Chambres de commerce et Conseils généraux préconisent cette réforme de l'enseignement moderne dans un sens nettement utilitaire.

« Quel a été le but de l'organisation de l'enseignement moderne ? L'article 3 du décret qui l'a institué dit que cet enseignement embrassera l'ensemble des connaissances générales indispensables à ceux qui veulent suivre des professions commerciales, industrielles et agricoles.

« C'est dans cet ordre d'idées que les programmes réservent une part très large aux sciences et à leurs applications à l'industrie et à l'agriculture.

« Mais un système d'instruction, d'où a été exclue l'étude des langues anciennes, ne pourrait-il mieux répondre aux besoins des carrières en vue desquelles il a été établi ?

« Sans exiger que l'enseignement moderne fournisse les connaissances techniques particulières aux professions commerciales, industrielles et agricoles, connaissances difficiles à obtenir en dehors des écoles spéciales ayant pour mission de former les jeunes gens à l'exercice d'une profession déterminée, serait-il impossible de lui donner un caractère plus utilitaire et plus pratique?

« Quant à l'enseignement secondaire moderne, tel qu'il existe actuellement, il ne nous paraît pas répondre suffisamment au but désiré.

« Nous pensons donc qu'il y aurait lieu de refondre le programme de l'ancien enseignement spécial avec celui de l'enseignement moderne actuel, en laissant une plus large part à la géographie économique et au dessin industriel.

« L'intérêt d'un pays, fût-ce une démocratie est bien moins de voir tous les enfants arriver facilement à telle situation que de voir toutes les situations bien remplies.

« Il semble qu'il y aurait lieu de changer nettement de voie.

« Si le commerce et l'industrie ne peuvent avoir la prétention d'influer sur la marche de l'enseignement classique, ils doivent avoir celle d'inspirer essentiellement, de concert avec l'agriculture, la direction de l'enseignement moderne et d'assouplir ses programmes et ses méthodes à leurs besoins, tout en tenant compte d'ailleurs, dans leur élaboration, de la situation et du milieu social dans lesquels les enfants auxquels ils seront appliqués sont appelés à vivre.

« Par suite, la durée de l'enseignement moderne

devra être diminuée de manière à permettre aux jeunes gens d'entrer plus tôt, soit dans la vie pratique, soit dans les écoles spéciales agricoles, commerciales et industrielles.

« Les programmes devront être remaniés dans le sens de l'ancien enseignement spécial.

« Le diplôme ne devra plus ouvrir à ceux qui l'auront obtenu la généralité des carrières libérales. » (*Chambre de Commerce de Bordeaux*).

« Nous bornerons donc notre réponse à l'enseignement moderne qui, dans l'esprit de ceux qui l'ont établi, devait avoir précisément pour objet de préparer aux carrières industrielles et commerciales.

« Nous n'hésitons pas à dire que cet enseignement a complètement dévié de son but.

« En surchargeant les programmes, en augmentant la durée des études, en faisant en un mot de cet enseignement une sorte de contrefaçon de l'enseignement classique, on n'a obtenu d'autre résultat que d'accroître encore le nombre beaucoup trop considérable des candidats aux fonctions publiques » (*Chambre de Commerce de Dunkerque.*)

« Votre Commission, messieurs, a été frappée des conclusions unanimes de MM. les principaux de nos établissements d'enseignement, tendant toutes au développement de l'enseignement pratique, rapide, qui permettra aux enfants d'acquérir, en trois ou quatre années, les éléments d'instruction nécessaires à l'agriculture, au commerce et à l'industrie.

Ils signalent tous ce fait que l'enseignement tend de plus en plus à être considéré plutôt comme un élément nécessaire de la prospérité de la vie matérielle que comme un développement ou un ornement de l'esprit. Le succès des collèges tient donc aujourd'hui à l'organisation de l'enseignement pratique le plus complet et le plus rapide possible. MM. les principaux, tout en déplorant cette tendance, pensent qu'il est impossible de ne pas s'y soumettre ; mais ils demandent en même temps, avec fermeté, le maintien intégral du principe de l'enseignement classique dans toute sa force. » (*Conseil général des Vosges.*)

Le Conseil général de la Seine-Inférieure constate les pertes notables du classique et les gains du moderne, comme effectif dans les lycées et collèges.

« Nos populations ont donc une tendance à préférer l'enseignement moderne à l'enseignement classique. Cette inclination vous semblera naturelle dans un département où le commerce, la marine et l'industrie tiennent une si grande place, et où l'agriculteur a plus spécialement qu'ailleurs le devoir de se tenir au courant des progrès qui s'accomplissent au dehors, des raisons des variations de cours des denrées agricoles, et où il doit être quelquefois industriel et toujours commerçant.

« Ne semble-t-il pas que pour rendre à nos lycées et collèges leur prospérité passée, le meilleur moyen serait de favoriser cette tendance par

des améliorations dans les méthodes de l'enseignement moderne ?

« Nous ne partageons pas l'avis de ceux qui vou-
draient que les bacheliers modernes pussent entrer
dans presque toutes les carrières ouvertes aux bacheliers classiques.

« Pour la plupart, un enseignement plus pratique
et par conséquent plus rapide s'impose.

« Dès longtemps, au reste, on en a reconnu la
nécessité. L'enseignement spécial, aujourd'hui enseignement moderne, a été créé dans ce but.

« Ce but a-t-il été atteint? Cet enseignement
répond-il aux besoins auxquels il doit satisfaire dans
notre département ? Nous croyons qu'il n'y répond
qu'imparfaitement. »

Ce système de la *juxtaposition* et de l'*inégalité*
provoque deux objections très graves et qui suffisent
à le faire rejeter.

1° Ce système peut être excellent pour les élèves
qui ont bien choisi; il sera déplorable pour ceux
qui se seront trompés. Le choix entre ces deux voies
divergentes devra être fait, ne l'oublions pas, vers
la onzième ou douzième année.

Or, nous verrons, comme par le passé, une mul-
titude d'élèves s'engager témérairement — au
double sens du mot, aveuglément et hardiment —
dans une voie où ils sont prédestinés aux échecs et
aux déceptions.

Les classes latines se verront encore encombrées par une foule d'élèves qui ne profiteront pas d'un enseignement auquel la nature les a faits réfractaires, et qui, faute d'avoir reçu l'enseignement auquel ils étaient destinés, ne sauront au sortir du lycée trouver une place dans la société.

L'expérience de ce système n'a-t-elle donc pas été suffisante ?

Veut-on continuer encore à imposer à l'enseignement secondaire cette triste besogne de traîner à sa suite une queue de pauvres jeunes gens qui ne veulent pas, et qui, le voudraient-ils, ne peuvent pas aller à Corinthe

2° Que fera-t-on de l'élite de cet humble enseignement dont on veut borner l'horizon aux limites étroites de la vie pratique ? Dans tout enseignement une élite surgit. Comment dès lors un excellent élève de l'enseignement spécial, ou de l'enseignement primaire supérieur (peu importe l'origine) passera-t-il dans l'enseignement classique s'il a l'ambition légitime de pousser ses études, et d'aborder la préparation à l'enseignement supérieur et aux grandes écoles ?

Ainsi ce système sacrifie deux catégories d'élèves très différents, mais également dignes d'intérêt : les médiocrités de l'enseignement classique et l'élite de l'enseignement utilitaire.

2° La superposition. — Unité à la base, tripartition au sommet. — Les deux cycles.

Ce système n'offre aucun des graves inconvénients du système précédent.

Il impose à tous, car tous en ont besoin, une première éducation à la] fois théorique et pratique, désintéressée et utilitaire ; il munit tous les esprits des connaissances nécessaires, français, histoire de France et notamment histoire moderne et contemporaine, géographie, calcul, éléments des sciences, une langue vivante.

L'absence du latin laisse à tous le temps de s'assimiler solidement les notions les plus nécessaires.

Ainsi tous les élèves travailleraient *utilement.* Aucun ne serait sacrifié : tous ceux que leurs aptitudes ou leurs goûts portent vers la vie active pourraient sortir après le premier cycle, jeunes encore et bien munis d'un bagage capable de leur servir. S'ils le désiraient, ils trouveraient dans un 2ᵉ cycle très court, de deux années en moyenne, des cours variés préparatoires aux hautes études commerciales, industrielles et agricoles.

Tous ceux d'autre part que leurs goûts et leurs aptitudes portent vers les études théoriques, littéraires ou scientifiques, trouveraient dans le deuxième cycle une diversité d'enseignements orientés vers les divers modes d'enseignement supérieur. Toutes les vocations seraient suscitées et tous les besoins sociaux satisfaits.

Il ne peut être fait qu'une objection à ce système et nous l'avons indiquée déjà. C'est le retard apporté à l'étude du latin.

Nous répétonsi ci ce que nous avons dit plus haut ; les théoriciens discutent, l'expérience apportera bientôt son impérieuse évidence. Mais, à ce moment-là, notre réforme universitaire sera probablement accomplie : souhaitons qu'elle se trouve concorder avec l'enseignement des faits.

3° *La division tripartite.*

Pour ne sacrifier aucun des besoins essentiels de l'esprit français et de l'économie nationale, d'autres déposants et des plus autorisés, préfèrent établir une *tripartition* commençant au début même des études secondaires :

1° L'enseignement classique traditionnel (latin, avec ou sans grec) ;

2° L'enseignement (langues vivantes) ;

3° Un enseignement utilitaire, soit annexe, soit complémentaire ; vivant de sa vie propre à côté des deux enseignements classiques ou se greffant sur l'un et sur l'autre.

Les partisans de cette division tripartite sont,

d'une part, des universitaires comme MM. Gréard,
Darboux, Lavisse, etc., et, d'autre part, des membres
de Chambres de commerce ou d'Unions de syndicats
agricoles.

« *M. Gréard.* — Dès aujourd'hui on a organisé,
dans un certain nombre de collèges, sous le titre de
sections B, des classes d'enseignement moderne
où, pour les élèves qui ne prétendent pas aux études
complètes, à l'une des deux langues vivantes exigées
au baccalauréat moderne sont substituées des
notions de comptabilité, de sciences industrielles,
d'agriculture, etc. C'est un retour à l'enseignement
spécial dans ce qu'il avait d'essentiellement pratique. Il ne faut pas seulement tolérer ces petites
évolutions intérieures ; il faut les encourager en
provoquant l'avis des assemblées de professeurs,
des Conseils municipaux, des bureaux des Associations d'anciens élèves, des Chambres de commerce,
d'agriculture ou d'industrie, et du Conseil académique de la région, de toutes les autorités en un
mot, qui peuvent apporter des lumières utiles, et
grouper les bonnes volontés, les dévouements autour
des établissements intéressés. »

« *M. Darboux.* — En ce qui concerne l'enseignement moderne, je sais que certaines personnes
parlent de lui donner une allure plus pratique et
d'en réduire la durée. Je crains qu'on ne veuille lui
faire perdre son caractère d'enseignement secon-

daire et le ramener à quelque chose d'analogue à l'enseignement primaire supérieur. Ce serait, selon moi, une grosse faute. D'abord, dans l'enseignement primaire, on ne peut pas retenir les élèves jusqu'à seize ans ou dix-sept ans, comme dans l'enseignement moderne, et puis qu'entend-on par donner à un enseignement une tendance plus pratique ? S'il s'agit de sciences, de bons esprits soutiennent qu'à côté de la théorie il faut toujours l'application, même dans l'enseignement classique.

« Le moderne convient admirablement aux familles qui peuvent faire le sacrifice de maintenir leurs enfants au lycée ou au collège pendant six ans. Il y a sans doute d'autres élèves très intéressants qui ne peuvent y passer que trois ou quatre ans. Pour ceux-là je verrais avec grand plaisir se développer le type d'enseignement moderne B, qui existe déjà dans plusieurs de nos établissements, et que les principaux ou les proviseurs demeurent libres d'adapter aux besoins spéciaux de chaque région.

« *M. le président.* — C'est l'enseignement spécial qui s'est reconstitué de lui-même?

« *M. Darboux.* — Oui, monsieur le Président, et il ne convient pas, je crois, de décourager cette tendance, d'autant plus que les deux types d'enseignement moderne A et B peuvent être facilement juxtaposés.

« En résumé, il faudrait, selon moi, maintenir le type A, c'est-à-dire celui dont les programmes sont tout à fait arrêtés, qui conduit aux divers baccalauréats modernes, encourager le type B, qui conduirait à un simple certificat analogue à l'ancien certificat de grammaire, et surtout maintenir à l'enseignement moderne son caractère d'enseignement secondaire. »

MM. Duport et Guinand apportent les desiderata de l'Union du Sud-Est des syndicats agricoles.

« *M. Duport.* — J'apporte tout simplement une idée, un désir de nos populations, c'est que, surtout du côté de l'enseignement moderne et sans spécialiser au point de vue professionnel, chose en effet fort difficile, il faudrait donner plus d'ampleur aux études se rattachant par quelque côté à l'agriculture, de manière que, sortant du collège, un homme fût capable de faire quelque chose en agriculture sans avoir à passer par une école professionnelle.

« Il est incontestable qu'à l'heure actuelle, à prendre la nation tout entière, il y a un mal dont nous souffrons, c'est que notre agriculture française est déprimée; qu'à côté de nous on fait des progrès immenses et que nous ne suivons pas le mouvement. Et il est impossible qu'il en soit autrement, parce que l'esprit des jeunes gens est absolument tourné d'un autre côté par l'enseignement secondaire; il faut avoir une conviction et une obligation profondes pour faire de l'agriculture en France ; tout détourne les jeunes gens de l'agriculture.

« *M. Guinand.* — Je n'ai rien à ajouter, sinon que pour l'enseignement secondaire il me paraîtrait fort intéressant que des Français, qui en définitive sont propriétaires, dans une très large mesure, du sol français, qui seront appelés certainement à diriger des exploitations, fussent préparés à ce travail. On nous demande d'aller à l'étranger, aux colonies ; il faut que les enfants puissent trouver une porte entre-bâillée et que quelque part on leur dise : « Il existe quelque chose qui s'appelle l'agriculture. »

« *M. le Président.* — Cette orientation sera d'autant plus facile que les établissements d'enseignement secondaire seront plus près des populations rurales ; les collèges pourront facilement s'y prêter et tout cela se résumerait à donner plus de souplesse à notre programme d'études et à permettre aux localités d'adapter l'enseignement aux préoccupations régionales.

« *M. Guinand.* — Et nos Associations libres se mettraient à leur disposition. »

Voici quelques dépositions de Chambres de commerce et de Conseils généraux.

« Pour nous, qui avons l'orgueil de notre profession de commerçants, nous avons aussi la conviction que, pour faire un bon commerçant et un bon industriel, la culture intellectuelle n'est jamais trop vaste.

« Sans parler des exceptions, il est incontestable qu'un jeune homme, ayant fait de fortes études secondaires, apportera dans le commerce et l'industrie, après des études spéciales, un esprit plus souple, plus pénétrant, et sera en un mot supérieur' à ceux qui ont fait des études moins générales, plus strictement professionnelles.

« Mais de là il ne faut pas conclure à la supériorité que donneraient de fortes études *classiques*, mais seulement à la supériorité que donnent de fortes études. En un mot, si une haute culture générale est une cause de supériorité, à condition qu'on y ajoute les connaissances spéciales nécessaires, il ne s'ensuit pas que cette culture doive de toute nécessité être latine ou grecque. Un esprit élevé dans la connaissance approfondie des littératures allemande et anglaise n'est très certainement pas inférieur comme culture générale à un esprit élevé dans la connaissance des littératures grecque et latine.

« En fait, au point de vue qui nous occupe, la comparaison entre les élèves de l'enseignement classique et ceux de l'enseignement moderne est plutôt favorable à ces derniers. Il nous semble aussi que ces élèves, outre l'avantage qu'ils ont de connaître deux langues vivantes (anglais, allemand) doivent avoir du monde moderne, où les éléments anglo-saxons et germains jouent un rôle si important, une connaissance plus exacte et se trouver plus aptes à entrer en rapports avec des races dont ils auront étudié depuis longtemps l'esprit.

« Notre conclusion est donc que l'enseignement secondaire, et tout particulièrement l'enseignement moderne, est à l'heure actuelle la préparation la plus indiquée pour ceux qui se destinent aux concours des écoles supérieures de commerce et en général au haut commerce et à la grande industrie. » (*Chambre de commerce de Paris.*)

» L'enseignement moderne pourrait être modernisé davantage, devenir plus pratique, acquérir plus de souplesse ; son baccalauréat ouvrirait exactement les mêmes carrières et conférerait les mêmes droits que le baccalauréat classique, la scolarité durant cependant une année de moins, comme il en est aujourd'hui du reste, et la gradation des études devenant suffisamment raisonnée pour permettre en troisième moderne une greffe de l'enseignement primaire supérieur pour les meilleurs sujets de celui-ci.

» Le bagage de cet enseignement moderne allégé comprendrait l'étude approfondie du français, la connaissance pratique et réelle d'une langue vivante, des éléments suffisants de sciences et, à côté, des cours facultatifs et professionnels adaptés aux besoins de l'industrie et du commerce régionaux (chimie agricole et viticole, enseignement colonial et maritime, comptabilité commerciale par exemple, pour le lycée de Bordeaux), cours au besoin subventionnés par les municipalités ou les Conseils généraux.

« Cet enseignement devrait s'arrêter là avec un diplôme de fin d'études pour les jeunes gens sans ambitions particulières ; leur instruction serait ainsi achevée à un âge où ils pourraient encore se spécialiser dans une étude déterminée ; pour les autres s'ouvrirait alors, comme pour leurs camarades de l'enseignement classique sortant de rhétorique, les mathématiques élémentaires ou la philosophie, soudures entre les deux enseignements classique et moderne. A la suite viendrait naturellement, mais alors seulement, le baccalauréat, conférant les mêmes avantages pour les deux ordres d'enseignement.

« Cet enseignement moderne mènerait donc à tout, en principe du moins, sinon pratiquement ; car il est bien évident que, si les élèves du moderne pourraient avoir des avantages pour une foule d'examens (écoles spéciales, médecine), il est certain que les élèves du classique auraient un avantage marqué pour l'enseignement, la littérature, et même, peut-être, le droit. » (*Conseil général de Bordeaux.*)

« Dans tous les cas, il s'établirait vite un classement naturel que les intéressés seraient les premiers à reconnaître et à respecter, puisqu'ils y trouveraient leur intérêt, mais les pouvoirs publics n'interviendraient plus par des réglementations surannées; l'accès aux fonctions et aux grades serait ouvert à tous, sauf examens probatoires sérieux susceptibles d'éliminer tous les lauréats du classique ou du moderne indistinctement qui auraient trop préjugé de leurs forces. » (*Chambre de commerce de Honfleur.*)

« Nous mettons tout d'abord de côté l'enseignement secondaire classique qui n'a pas été créé en vue de la préparation aux carrières industrielles et commerciales et qui n'y répond nullement : l'étude du latin et du grec doit être réservée aux jeunes gens qui se destinent aux carrières libérales, aux grandes écoles du Gouvernement et à l'enseignement; nos futurs commerçants ont mieux à faire en étudiant les langues vivantes dont le rôle est devenu si important dans les échanges.

« L'enseignement secondaire moderne donne, au contraire, de bons résultats, à la condition toutefois que l'élève le suive en entier, c'est-à-dire jusqu'au baccalauréat.

« L'étude de deux langues étrangères, du calcul commercial, de la comptabilité, de l'économie politique, du droit et des sciences physiques et naturelles jointe à celle de la littérature française, de l'histoire générale et de la géographie économique est éminemment favorable à la préparation aux carrières commerciales et industrielles. L'élève ainsi préparé s'assimile facilement la partie pratique de ces carrières et devient un auxiliaire précieux au bout de très peu de temps.» (*Chambre de commerce d'Arras.*)

« En principe, et sous réserve d'observations im-portantes, l'enseignement secondaire classique et moderne donne une préparation *générale* pour toutes les carrières *indistinctement* aux jeunes gens qui l'ont suivi *avec fruit.*

« Dans un département comme le nôtre, chargé de tant d'intérêts, et qui sent plus que tout autre le besoin de l'action, l'enseignement moderne doit être mis sur un pied égal à celui de l'enseignement gréco-latin ; ce dernier est orienté vers le passé et ne tourne pas suffisamment l'esprit des jeunes gens vers les nécessités du présent.·

« Il faut compter aussi avec les sentiments de beaucoup de familles qui, incertaines encore sur les aptitudes et les vocations de leurs enfants, ne les dirigent pas dans une branche d'enseignement qui, vraisemblablement leur serait plus utile, mais qui n'a pas pour couronnement une sanction donnant accès à toutes les carrières.

« De là, la nécessité d'une sanction égale dans le baccalauréat moderne à celle du baccalauréat clas-sique, et de l'accès aux écoles de droit et de méde-cine, non pas tant pour que les élèves de l'enseigne-ment moderne y entrent effectivement, que pour assurer à cet enseignement, dès le début des classes, un recrutement égal.

« La Chambre de commerce du Havre a donné une idée très inexacte de l'esprit qui inspire en général, les Chambres de Commerce. Elles sont, pour la plupart, bien plus radicales que cela, et elles ont repoussé l'enseignement classique comme moyen de culture intellectuelle. Elles ont cédé en cela aux suggestions très habiles de la société à la tête de laquelle se trouve M. Croiset, qui leur a dit : « A quoi sert l'enseignement du grec et du latin? Ce qu'il faut à un commerçant, c'est l'enseignement secondaire spécial qui avait été institué par Duruy et qui n'existe plus, mais qui est remplacé aujourd'hui par l'enseignement moderne. » On prenait là les Chambres de commerce par leur côté faible ; plusieurs d'entre elles n'ont pas l'habileté du raisonnement, et elles se sont prononcées non seulement contre l'enseignement du grec et du latin, mais même contre l'enseignement moderne, pour s'arrêter à un enseignement bien plus réduit. La plupart des industriels n'hésitent pas à reconnaître qu'elles se sont trompées sur la part qui appartient aux études classiques dans le mouvement contemporain.

« Il est certain que ce n'est pas dans un enseignement strictement restreint aux choses du commerce, que l'on puisera les idées généreuses qui constituent la culture intellectuelle de l'homme, qui créent autour de lui une atmosphère qui le rend apte à recevoir les notions qui lui sont communiquées.

« L'enseignement classique est certainement excellent, mais s'il fait des hommes instruits, il ne fait pas des hommes pratiques. Cela, il faut le demander à l'enseignement moderne.

« En somme, les Chambres de commerce, en général, celle du Havre exceptée, ont abondé dans le sens que j'ai indiqué; quelques-unes ont même dépassé le but. Je crois que nous devons nous rallier à l'idée la plus large et la plus étendue. Il faut l'enseignement secondaire spécial aux jeunes gens qui sont pressés, qui ont besoin de se créer immédiatement une situation. Quant à ceux qui pourront disposer de deux années de plus, ils se consacreront très utilement à l'enseignement moderne, qui formera leur esprit et leur permettra d'exercer une juste influence dans la société (1). *(Conseil général du Nord.)* »

Cet enseignement annexe et facultatif devrait être naturellement très souple et s'adapter à la variété des besoins régionaux. C'est ce que réclament MM. de Lagorsse, Tisserand, Rissler et Grandeau, représentants de la Société nationale d'encouragement à l'agriculture. « Il semble *a priori* que, dans les lycées et collèges, on pourrait faire, comme dans les écoles pratiques, une part à l'enseignement général et une part à l'enseignement scientifique appliqué, correspondant aux conditions locales et aux diverses industries du pays. Ainsi, par exemple, pourquoi jeter dans le même moule tous les programmes de l'enseignement secondaire? Pourquoi faire faire un seul et unique moule pour préparer

(1) On pourrait encore citer la Chambre de commerce de Nancy, les Conseils généraux du Pas-de-Calais, de Tarn-et-Garonne, etc.

les jeunes gens de toutes les régions, quelles qu'elles soient, d'aptitudes, de race même très différentes, à toutes les carrières indistinctement? Il faut voir un peu quels débouchés présente la contrée, quelles sont les professions principales qui y sont pratiquées, quelles sont les études qui peuvent préparer le mieux à ces professions, quelles sont enfin, les tendances et les besoins des populations, et faire concorder les programmes avec le résultat de cette observation. De là le vœu de la Société nationale d'encouragement à l'agriculture de voir les éléments locaux intervenir dans l'organisation et le fonctionnement des lycées et des collèges. (*M. Tisserand.*) »

« Malheureusement, le côté pratique de ces études est négligé; point d'enseignement de la comptabilité et des choses qui s'y rattachent, point de notions des arts mécaniques qui pourraient encourager dans la voie industrielle les élèves ayant des aptitudes; on prépare des fonctionnaires et c'est tout.

« Pour remédier à cet état de choses, il faudrait créer, à côté de l'enseignement purement théorique, un enseignement largement pratique qui permettrait à l'élève ayant atteint sa seizième année de pouvoir s'employer utilement dans le commerce ou dans l'industrie.

« En ce qui concerne les langues vivantes, l'enseignement est trop grammatical et même trop littéraire, il faudrait multiplier les cours de conversation et donner des notions précises, d'usage journalier sur les formules commerciales, la correspondance, etc., etc.

« On s'en tient généralement pour le dessin à l'exécution d'un bas-relief ou d'une ronde bosse; c'est, à notre avis, une grave erreur, l'imagination des élèves manque de stimulant et ce stimulant ne leur sera donné qu'en les exerçant à la composition artistique; nous ne devons pas perdre de vue que certaines industries telles que les étoffes imprimées, les papiers peints, la céramique et beaucoup d'autres encore, n'ont de valeur que par la beauté de conception de l'artiste. » (*Chambre de commerce de Nevers*).

« Ne serait-il pas préférable que, sous le contrôle de l'Etat, les lycées et collèges d'une même région pussent orienter leurs études pratiques dans le sens des besoins régionaux, sans altérer les grandes lignes des programmes généraux tracés par le Conseil supérieur de l'Instruction publique? Les modifications reconnues nécessaires pourraient être proposées par les Conseils municipaux et les Conseils généraux intéressés, et réalisées par les Conseils académiques entièrement reformés et dont les attributions seraient étendues dans une large mesure.

» Dans les lycées d'Aix et d'Arles, où il n'existe ni école primaire supérieure, ni école d'apprentissage ou professionnelle proprement dite, ces modifications contribueraient à conjurer la crise qui menace ces deux établissements. » (*Conseil général des Bouches-du-Rhône.*)

La Chambre de commerce de Fougères exprime le désir de voir s'associer à la création de cet enseignement pratique les amis de l'Université qui occupent dans la région une situation industrielle, commerciale, agricole. Leur place ne serait-elle pas dans ces conseils académiques réorganisés dont il vient d'être question ?

« A la suite des programmes généraux applicables à toute la France, ne pourrait-on laisser aussi une petite place pour les industries plus spéciales à chaque région, voire à chaque ville? C'est le plus souvent vers une industrie de la contrée qu'il habite que le jeune homme destiné aux affaires se dirigera ; c'est pour exercer cette industrie qu'il faut le préparer et l'armer. Les professeurs ne manqueraient pas de trouver des conseils éclairés parmi les industriels et les négociants du pays qu'il ne serait pas inutile d'intéresser à la formation de leurs futurs collaborateurs et successeurs. »

Si l'on en croit le Conseil général de Moulins, cet enseignement pratique annexe fonctionne déjà dans les lycées de Moulins et de Montluçon.

« L'enseignement classique et l'enseignement moderne se partagent les élèves en nombre à peu près égal ; les familles, suivant leurs préférences et la carrière à laquelle elles destinent leurs enfants, choisissent l'un ou l'autre de ces enseignements.

« Le lycée de Moulins prépare de préférence les élèves aux examens de Saint-Cyr et aux écoles supérieures d'agriculture ; le lycée de Montluçon, aux écoles industrielles, notamment aux écoles d'arts et métiers. Pour répondre aux besoins de ces établissements et favoriser la préparation des candidats aux divers examens, des cours spéciaux d'agriculture et des *conférences d'agriculture* ont été organisés au lycée de Moulins ; il a été créé au lycée de Montluçon des cours de métallurgie, de serrurerie ; des ateliers de travail manuel y ont été installés, afin de donner une extension particulière à l'enseignement industriel. Pour répondre aux besoins du département, il convient non seulement de maintenir ces différents cours ajoutés aux programmes officiels, mais de leur donner le plus de développement possible. »

Doit-on séparer les divers types d'enseignement classique et les mettre dans des établissements distincts, lycées d'enseignement classique et lycées ou collèges d'enseignement moderne ?

Une dernière question se pose au sujet des divers types d'enseignement. Faut-il établir l'autonomie de chacun d'eux en les cantonnant dans des établissements séparés, ou faut-il, au contraire, les réunir dans chaque établissement? L'exemple de l'Allemagne avec ses gymnases, ses realgymnases et ses realschülen a séduit un grand nombre de déposants qui insistent sur la nécessité de séparer les enseignements primaire supérieur, moderne et classique. D'après eux, il faudrait restreindre à une trentaine le nombre des lycées classiques, et convertir en collèges modernes et en écoles primaires supérieures tous les autres lycées ou collèges (1).

J'ai déjà dit que, théoriquement, cette question pouvait se discuter, mais que, pratiquement, il n'y a guère lieu de le faire. De tous les arguments de fait, qui pourraient être cités, je ne retiendrai qu'un seul, parce qu'il suffit, à mon avis, à trancher le débat : *c'est la question d'argent.* N'oublions pas que la clientèle des lycées et collèges est en majeure partie *démocratique.* C'est la population paysanne, ouvrière et petite bourgeoise qui confie surtout ses enfants à l'Université. Or, tous ces enfants, en dehors des boursiers, seraient singulièrement lésés par la réforme dont il s'agit. Les externes de nos petites et de nos moyennes

(1) L'exemple de l'Allemagne avec ses gymnases, ses realgymnases, ses écoles réales, établissements séparés et autonomes, ne doit pas être cité en l'espèce. On oublie que l'enseignement secondaire allemand est sous le régime du monopole d'Etat. Chez nous, avec le régime de la liberté, on verrait certainement partout où l'établissement universitaire, collège ou lycée, ne donnerait pas toutes les formes d'enseignement secondaire, s'établir et prospérer un établissement libre.

Les Universitaires qui proposent la séparation et la différenciation ont-ils songé à cette impossibilité pratique ? Tout indique que non. L'abstraction leur a fait oublier la réalité.

villes, ne trouveraient plus sur place, c'est-à-dire à peu de frais, l'enseignement auquel ils ont droit de prétendre. Et les internes, c'est-dire les élèves dont les parents habitent la campagne seraient astreints à des déplacements coûteux, et très probablement aussi, la vie étant plus chère dans les grandes, villes que dans les petites, à un supplément de pension onéreux.

- Il n'est dans l'intention de personne de réserver l'internat des lycées classiques exclusivement aux fils de famille et aux boursiers de l'État.

Dès lors, il faut laisser subsister le système actuel qui, *pédagogiquement*, peut avoir ses défauts (défauts auxquels les conclusions de la Commission tentent d'ailleurs de remédier), mais qui *socialement* offrent l'avantage essentiel d'assurer à nos établissements d'enseignement secondaire un juste facile recrutement.

A l'appui de cette conclusion je citerai quelques délibérations de Conseils généraux qui protestent véhémentement contre le projet en question :

« M. l'inspecteur d'académie formule ensuite un vœu qu'il soumet à l'appréciation du Conseil général ; il propose de ne maintenir dans le ressort de l'Académie de Lyon qu'un seul lycée d'enseignement classique, lequel serait placé à Lyon ; dans notre département, les lycées existants seraient exclusivement affectés à l'enseignement moderne, qui, suivant M. l'inspecteur, répond plus particulièrement aux besoins de la région du Forez.

« Votre Commission ne peut moins faire que de marquer le très grand étonnement, que lui a causé cette proposition, qui ne ne tendrait à rien moins qu'à supprimer l'enseignement classique dans tout notre département et particulièrement à Saint-Etienne. Il nous paraît superflu d'insister sur les graves inconvénients qui résulteraient d'une pareille solution, non seulement pour les villes qui seraient ainsi atteintes, mais pour tout le département.

« Cette solution ferait courir de sérieux dangers à l'enseignement classique. Il nous paraît au moins singulier qu'après avoir proclamé la nécessité du double enseignement, on propose de réduire l'un d'eux à néant dans les établissements universitaires de notre région.

« L'une des conséquences les plus certaines de la centralisation de l'enseignement classique à Lyon, c'est que les familles seraient amenées à renoncer, d'une manière presque absolue, à cet enseignement, ou que le Conseil général serait obligé de créer de très nombreuses bourses en faveur des élèves qui se feraient remarquer par leurs aptitudes et dont les familles ne seraient pas en état de subvenir aux frais de la pension du lycée de Lyon. Il en résulterait un accroissement de charges important pour le budget départemental.

« Une autre conséquence qui ne saurait vous

échapper, c'est qu'un certain nombre de familles ne veulent pas placer leurs enfants sous le régime de l'internat, contre lequel il s'élève des critiques sérieuses, et que vous mettrez ainsi ces familles dans la nécessité d'opter pour l'enseignement libre.

« Réduire le lycée de Saint-Etienne à l'enseigne, ment secondaire professionnel, obliger tous ceux qui voudront recevoir l'enseignement classique universitaire à se rendre à Lyon, ce serait décapiter le lycée de Saint-Etienne et porter une grave atteinte aux intérêts de cette ville et du département tout entier.

« Je ne puis croire que le Conseil général soit de cet avis et je lui demande de réclamer le maintien de la dualité des enseignements, telle qu'elle s'est pratiquée jusqu'ici dans nos établissements secondaires.

« *M. Charpentier.* — La troisième Commission s'est prononcée à l'unanimité contre la proposition de M. l'inspecteur d'académie.

« *M. le Président.* — Si je ne préjuge pas trop du vote du Conseil, je crois que c'est également à l'unanimité qu'il repoussera cette proposition. » (Conseil général de la Loire.)

Le Conseil général de la Seine-Inférieure fait mieux que protester : il indique une solution qui mérite d'être sérieusement prise en considération.

« La Chambre de Commerce de Rouen préconise

la séparation absolue des deux enseignements dans des locaux différents. Elle propose comme exemple les *Realschulen* de l'Allemagne.

« Il y aurait certainement un très grand avantage à cette séparation, car la direction des lycées nouveaux serait confiée à des maîtres de l'enseignement moderne qui montreraient un grand zèle à les faire prospérer.

« Mais le dédoublement entraînerait à de tels frais qu'il faut écarter ce système. Peut-être, à défaut, à côté du proviseur qui appartient presque toujours à l'enseignement classique, pourrait-on créer dans les lycées importants un directeur de l'enseignement moderne chargé tout spécialement de la surveillance de cet enseignement ? »

Ainsi l'enseignement moderne, sans être séparé de l'enseignement classique, serait *autonome ;* tous les intérêts seraient sauvegardés par une mesure très simple : c'en est assez pour la recommander à l'attention du législateur.

LES PROGRAMMES ET LES MÉTHODES

Les Programmes.

1° Les moderniser.

Il n'est personne qui conteste aujourd'hui la nécessité de *moderniser* les programmes de l'enseignement classique comme de l'enseignement moderne.

M. Gréard, dans sa déposition si remarquable, l'a dit excellemment avec un mélange élégant d'audace et de modération.

« Mais, et le fait capital est là, l'esprit même des programmes s'est modifié. Les études secondaires tendaient presque exclusivement vers la connaissance et l'intelligence du passé. C'est vers le présent aujourd'hui qu'elles convergent toutes; c'est au présent qu'elles aboutissent. Je n'en veux fournir que trois témoignages tirés de l'enseignement

classique et pris rapidement dans la littérature nationale, l'histoire et les langues vivantes.

« La littérature du dix-septième siècle et celle du
dix-huitième ont toujours été le fond de l'enseignement du lycée, et, grâce à Dieu, jamais elles ne
cesseront de l'être. Ces grandes œuvres, d'une sé-
rénité si haute et d'une psychologie si pénétrante,
ont servi et servent encore à l'éducation de l'humanité pensante : elles doivent rester, elles resteront
l'élément le plus solide de notre propre éducation.
Mais elles ne sont plus l'élément unique. Par la littérature du dix-neuvième siècle, l'élève est aujour-
d'hui initié aux idées, aux sentiments de son temps
et introduit dans le milieu intellectuel et moral qui
sera le sien.

« Avec l'histoire, il est amené jusqu'au seuil de
la vie où il sera jeté au sortir du lycée. Il n'y a pas
bien longtemps encore, on arrêtait l'histoire de
France en 1789. Puis on a poussé jusqu'en 1815. On
ne s'arrête plus aujourd'hui qu'au moment où l'on
peut dire que l'histoire n'est pas encore faite. Des
esprits scrupuleux ont pu se demander, à l'origine,
si les passions ou les préoccupations du jour ne feraient pas dévier cet enseignement des voies de la
critique impartiale. Grand danger, en effet, si l'on
considère que nos établissements reçoivent des
jeunes gens venus des horizons politiques les plus
divers, parfois les plus opposés. Grâce à l'esprit de
sagesse et de mesure qui les anime, au souci supérieur de la vérité dont ils sont pénétrés, nos profes-

seurs ont pu rendre ces leçons possibles et fécondes. C'était une faute de séparer systématiquement le jeune homme de son temps. Il y a sagesse à munir son intelligence et à asseoir son jugement, pour l'examen des intérêts immédiats de la patrie, avant qu'il soit livré à tous les vents de l'opinion.

« A cette *modernisation*, si je puis ainsi dire, de notre enseignement secondaire par l'étude de *ia littérature* et de *l'histoire contemporaines*, s'ajoute, dans le même esprit, l'*action des langues vivantes*. »

M. Lavisse, avec sa haute autorité en la matière, insiste sur la façon d'enseigner l'histoire et la géographie. L'histoire, disait Bossuet, est la conseillère des princes. Elle doit être aujourd'hui la conseillère, ou mieux, l'institutrice des citoyens.

« Il est essentiel de préparer l'écolier pour la société et pour le temps où il vivra.

« Il y a de très *vieilles théories sur le désintéressement* nécessaire des études ; elles pouvaient êtres bonnes pour le temps où les Français n'avaient qu'à se laisser vivre dans la commune obéissance au roi ; mais, n'est-ce pas manquer à un devoir élémentaire envers le pays que d'élever, sans l'intéresser à la vie qu'il va vivre, un jeune homme qui, sortant du lycée à dix-huit ou dix-neuf ans, sera, si peu de temps après, *un citoyen français ?*

« Il y aurait un moyen de racheter le désintéressement nécessaire d'une partie des études classiques, ce serait de donner une plus forte impulsion aux enseignements qui guident vers la vie moderne, comme *l'histoire et la géographie*. Sur l'enseignement de l'histoire, si j'avais le temps, j'aurais bien des critiques à présenter. C'est une grande erreur de croire que l'on puisse sérieusement enseigner au collège toute l'histoire. Toutes les périodes historiques ne sont pas également enseignables. Il en est dont les documents sont si complexes et si obscurs, qu'ils ne peuvent être compris par des écoliers. Sur ces périodes, il faut passer vite, se contentant de l'essentiel. Actuellement, l'enseignement historique, pendant toute la classe de troisième et une partie de la classe de seconde, est consacré au moyen âge. C'est beaucoup trop, et pour un résultat très mince. Pour la très grande majorité des écoliers, et je crois que je pourrais dire pour tous, l'histoire du moyen âge, sauf les grands faits que l'on pourrait exposer en moins de temps, est à peu près inintelligible. Il serait donc possible de faire de grandes économies sur le temps consacré aux Mérovingiens, aux Carolingiens et aux premiers Capétiens. Aujourd'hui, dans la dernière classe en philosophie, le professeur n'a vraiment pas le temps d'enseigner comme il faudrait l'histoire de 1789 jusqu'à nos jours. Il donne un long temps au début à l'histoire de la Révolution et des campagnes de l'Empire, et, forcément, il brusque le reste. J'ai été bien souvent attristé par les réponses que je me suis entendu faire, dans l'examen du baccalauréat, à des questions sur des faits historiques les plus proches de nous et aussi les plus douloureux.

« Le programme de la classe de philosophie se termine par de larges questions sur l'histoire de la civilisation au dix-neuvième siècle ; si l'élève avait le temps de les étudier, il serait vraiment préparé à comprendre son siècle ; mais il n'a pas le temps.

« L'enseignement géographique a fait de grands progrès. Nous avons maintenant beaucoup de maîtres capables, et cet enseignement est très propre à instruire les enfants sur beaucoup de phénomènes, très importants, de la vie moderne. Et nous lui donnons une pauvre heure de cours par semaine, qui se réduit souvent à trois quarts d'heure par les va-et-vient d'une classe à l'autre.

« L'enseignement de l'histoire et de la géographie devrait donc avoir pour mission, au collège, de faire connaître le monde actuel et de préparer les écoliers à le bien comprendre. Mais cette préparation à la vie, on devrait, pour ainsi dire, la faire sentir aux écoliers par d'autres moyens que l'enseignement régulier. Il faudrait, quand une occasion se présente — un événement contemporain, qui ne prête pas aux discussions politiques — la saisir, pour parler aux élèves des choses de leur temps.

« Par exemple, notre histoire coloniale fournit souvent de ces occasions. Quel beau sujet de conférence, pour les élèves réunis, que la capture et la défaite de Samory ! On aurait dû, dans tous les collèges, réunir les élèves de la division supérieure et leur conter cette glorieuse histoire, cette victoire bienfaisante de nos armes et de notre civilisation sur ce bandit. D'autres fois, un hardi voyage d'exploration, une nouvelle découverte scientifique seraient des sujets de conférences. »

2° Les alléger et les mieux adapter.

Il faut *alléger* les programmes. C'est le cri unanime de tous les déposants. Sur ce point les adversaires les plus irréductibles se réconcilient. Littérateurs et savants, classiques et modernes, tous dénoncent la surcharge, le trop-plein des programmes.

« Nous avons de moins en moins de temps pour apprendre aux enfants de plus en plus de choses. On a déjà beaucoup élagué. Je voudrais voir élaguer encore beaucoup dans ce qui est de pure érudition ou d'apparence vaine. C'est le fond intellectuel et moral de la jeunesse qu'il s'agit de constituer avec des *éléments de choix* ». (M. *Gréard*).

« Tous mes collègues, dit M. Darboux, s'accordent à désirer des connaissances moins encyclopédiques, moins étendues, mais beaucoup plus solides. »

Il faut donc alléger les programmes. Encore faut-il savoir quel lest il convient de jeter.

D'abord sans hésiter, de l'avis unanime, l'érudition : la philologie savante, la métrique, l'archéologie, les détails d'histoire littéraire. Croirait-on qu'on a inséré dans le programme de 2ᵉ classique « l'étude des principaux mètres d'Horace » ? C'était, sans doute, pour faire regretter la disparition du vers latin ! Croirait-on qu'on demande à un professeur d'expliquer à un enfant de neuf ans — entre deux catéchismes sans doute — « la construction de la cathédrale de Chartres, le portail des églises gothiques ? » M. Huysmans n'est pourtant pour rien dans la confection des programmes universitaires.

M. Gebhart a signalé ces abus ridicules avec une ironie incisive.

« Vous n'imaginez pas ce qu'est le programme scientifique absolument complet de la classe de philosophie ; nous avons, pour parler de l'histoire naturelle, l'anatomie et la physiologie animales, l'anatomie et la physiologie végétales. Nous avons un chapitre sur l'hygiène. Vraiment, voilà une année importante dans la vie du jeune homme, entre seize et dix-huit ans, où, avec la première culture littéraire qu'il a reçue — je prends un élève distingué ou seulement un bon élève — l'esprit encore tout rempli de belles choses, il est initié par son professeur de philosophie aux préoccupations les plus hautes de l'esprit humain, depuis que l'esprit humain pense aux choses supérieures, depuis Platon ; on lui parle de Platon, de Descartes, de Leibniz et de Spinoza et on lui impose alors un programme d'hygiène qu'un enfant bien élevé connaît depuis longtemps par l'éducation de la famille. On l'oblige à étudier ce programme scientifiquement.

« Viandes dangereuses — trichinose, ladrerie, charbon, viandes putréfiées, intoxication par la viande du porc. Les saucisses.

« Maladies contagieuses ; qu'est-ce qu'une maladie contagieuse ? Indication rapide des principales maladies contagieuses. »

« Mais encore une fois, c'est l'éducation de la famille, c'est le père qui apprend tout cela à son fils. Pourquoi une leçon sur la teigne, la gale, la variole, la scarlatine et la tuberculose ?

« Puisqu'il s'agit de sciences naturelles, voici les leçons de botanique qui se font en cinquième :

« Les monocotylédones, le dicotylédones, renonculacées, crucifères, papavéracées, légumineuses, rosacées, ombellifères, composées, rubiacées, primulacées, solanées, personnées, labiées, amentacées, liliacées, iridées, orchidées, palmiers, graminées ; puis les conifères, puis les cryptogames, à racines et sans racines, fougères, prèles, lycopodes, mousses, algues, champignons, lichens.

« Et c'est dans l'esprit d'un enfant de douze ans que vous allez faire entrer ce colossal herbier ! Et ce n'était pas assez : on a ajouté récemment la géologie ! »

Les Chambres de commerce signalent le même défaut avec la même clairvoyance.

« Avant tout, nous voudrions qu'on simplifiât les programmes. On nous semble oublier que l'instruction ne consiste pas tant à accumuler les connaissances qu'à donner à l'esprit de l'écolier la méthode pour acquérir, classer, conserver et utiliser ces connaissances.

« L'érudition a fait un mal énorme dans les classes depuis vingt à vingt-cinq ans. En général, elle a nui à la valeur de tous les genres d'études, modernes aussi bien que classiques.

« Nous demandons qu'on nous fasse des esprits clairs, des intelligences vives et avisées, et non pas de petits prodiges se perdant dans les quintessences d'un pédantisme stérile. Nous réclamons un enseignement vraiment français et non pas des sous-produits d'Universités allemandes. Nous regrettons que l'Université de France n'ait pas su se défendre de l'imitation de certaines études germaniques. On paraît aujourd'hui avoir renoncé à l'érudition, à la philologie, à la grammaire comparée, aux dissertations oiseuses sur les poèmes obscurs du moyen âge, mais on ne sait pas renoncer à *la surcharge* des programmes. La plupart des jeunes gens, au sortir de leurs études, paraissent plutôt ahuris par l'amas de connaissances mal digérées que munis d'un bagage littéraire et scientifique, clair et précis, pouvant immédiatement et facilement servir à les mettre en valeur. » (*Chambre de commerce de Lyon.*)

Le danger de ces programmes si démesurément enflés est aussi grave pour les professeurs que pour les élèves. C'est ce que MM. Boutroux, Darboux et Manœuvrier ont nettement fait remarquer.

« Ces programmes *encyclopédiques* exposent le professeur à donner un enseignement, ou trop chargé, ou vague et superficiel, ou fragmentaire et incomplet. La tentation est grande, surtout pour un professeur ardemment adonné aux recherches scientifiques, de substituer, à un cours suivi et régulier, l'étude de quelques sujets difficiles et controversés, telle qu'elle peut être faite dans les facultés. Il suit de là, chez les élèves faibles, l'indifférence à un enseignement qui les dépasse, et le renoncement aux études libres, pour la préparation mécanique au baccalauréat.

« On a introduit successivement dans le plan d'études les sciences, l'histoire, les langues vivantes, la philosophie ; et, comme si ce n'était pas suffisant, on a fait encore de la philologie et de l'érudition à propos des langues mortes ou vivantes. Il n'y a pas de cerveau qui puisse résister à une pareille accumulation de connaissances ; elle est propre à dégoûter de toute étude, elle explique un fait qui nous afflige beaucoup, c'est ce manque d'intérêt que les élèves manifestent...

« *M. le Président.* — Vous constatez, vous aussi, ce défaut d'intérêt de la part des élèves. M. Brouardel nous en a déjà parlé au point de vue des études médicales.

« *M. Darboux*. — Oui, l'initiative des élèves s'est notablement affaiblie. Nous arrivons quelquefois à constater des résultats navrants. Je le disais récemment à la Société de l'enseignement supérieur, et cela a été confirmé par plusieurs de mes collègues, il y a de malheureux candidats qui ne savent presque rien de la guerre de 1870, qui ignorent que Metz et Strasbourg n'appartiennent plus à la France. Je ne vous apporterais pas mon témoignage s'il était unique, mais il a été confirmé d'une façon très nette l'autre jour par M. Hauvette et d'autres personnes. Il y a une inertie tout à fait regrettable chez les jeunes gens. Ils apprennent tout avec beaucoup de bonne volonté, mais sans cette ardeur qui est essentielle pour de bonnes études.»

La Chambre de commerce de Marseille critique plus particulièrement la surcharge des programmes d'enseignement moderne.

« La rédaction de ces programmes atteste une tendance de plus en plus grande à multiplier les matières. Or, comme le temps des études reste et doit rester le même, il est aisé de comprendre que les études de plus en plus étendues deviennent de plus en plus superficielles.

« Sans doute, il est avantageux à un homme de savoir le droit civil, le droit commercial, le droit maritime, le droit industriel, la législation ouvrière, la législation fiscale, la législation douanière ; mais l'on ne peut pas croire sérieusement que les élèves

de nos écoles acquièrent, en deux années déjà sur-
chargées d'autres matières, des connaissances juridiques que ne possèdent même pas les docteurs
sortis des facultés de droit. Le seul résultat obtenu
est donc de donner aux jeunes gens des écoles de
commerce des notions juridiques tout à fait superficielles et d'affaiblir les études vraiment utiles. »

Le remède au mal — car une fois élagué l'inutile
et l'accessoire, peut être l'essentiel sera-t-il encore
trop lourd — le remède est indiqué par M. Darboux.

« Il faudrait peut-être aussi rendre à l'enseignement supérieur une portion des études qu'à une
époque où cet enseignement était sans forces, lui a
prise l'enseignement secondaire : les mathématiques supérieures, par exemple, et certaines
parties de la philosophie. Les esprits ne sont peut-
être pas encore préparés à ces mesures ; mais il serait bien désirable à mes yeux que nos jeunes gens
vinssent terminer leurs études dans nos Universités.
C'est là vraiment que leur esprit achèverait de se
mûrir et qu'après un trop long internat se ferait la
véritable et décisive préparation à la vie sociale.

« En laissant de côté ces mesures, qui sont en
tout cas d'une application très lente et très difficile,
j'arrive à celles qui pourraient être mises immédiatement en vigueur. Pour résumer d'un mot ce que
je propose, je crois qu'il faut renoncer au système
encyclopédique et appliquer à l'enseignement se-

condaire le principe de la *division du travail*. Il me paraît impossible d'exiger tant de connaissances de tous les esprits. Cela fait du tort à tout le monde. Ceux qui n'ont pas d'aptitude pour telle ou telle branche des études perdent leur temps dans les classes correspondantes et constituent un véritable poids mort qui retarde les progrès des élèves bien doués. Puisqu'il semble incompatible avec l'organisation des lycées de laisser à l'élève, même dans les classes supérieures, pleine liberté des études, il faudrait du moins, à mon avis, organiser des types d'études, plus nombreux et plus souples que les types actuels, répondant mieux aussi aux besoins de la société moderne ».

M. Manœuvrier confirme ces deux dépositions avec autant de bon sens que de fine ironie.

« Le temps manque, parce qu'il faut parcourir, dans un temps limité, des programmes sans limites. Nous avons la folle ambition de vouloir enseigner à des jeunes gens, de la treizième à la dix-huitième années, tout ce qui a été accumulé de notions et de faits, dans le trésor des lettres et des sciences « depuis six mille ans qu'il y a des hommes et qui pensent. »

« Comment ! on voudrait que des enfants de dix-huit ans aient pu se familiariser avec la langue et la littérature françaises, avec la langue et la littérature latines, avec la grecque ; avec l'allemand ou l'anglais ; qu'ils aient appris l'histoire de tous les peuples y compris les préhistoriques ; l'histoire de tous les temps·y compris le nôtre ; toute la géographie, physique, économique et politique ; toute la philosophie, y compris la méthaphysique et l'esthétique ; l'histoire de la philosophie tout entière de Thalès de Milet, jusqu'à M. Izoulet, toutes les sciences naturelles, la cosmographie, la physiologie, la géologie, la botanique, etc., etc. ; toutes les sciences physiques avec leur immense domaine, si démesurément accru depuis cinquante ans ; toute la chimie organique et inorganique ; toutes les mathématiques, arithmétique, algèbre élémentaire et supérieure ; géométrie plane et dans l'espace, analytique, descriptive, etc., etc. Cette énumération sommaire ne démontre-t-elle pas la vanité de notre ambition ? et n'est-il pas évident que pour parcourir cet immense programme nos maîtres sont obligés d'avoir recours à des méthodes expéditives, à des mnémotechnies mécaniques ; de tout résumer et de faire apprendre ces résumés par cœur, en un mot d'ériger le psittacisme en système pédagogique ?

« Comment échapper à cet inconvénient ?

« Cesserons-nous d'enseigner un certain nombre de ces sciences ? Non, car elles ont toutes le droit de vivre, ayant toutes, à des points de vue divers, une utilité certaine. Nous maintiendrons la liste entière dans les cadres généraux de l'enseignement. Mais : 1° dans chacune d'elles, nous élaguerions tout ce qui est accessoire, tout ce qui n'est pas nécessaire à l'enchaînement méthodique des choses ; 2° au lieu d'imposer toutes ces connaissances à tout le monde, nous ne conserverions comme obligatoires qu'un certain nombre reconnues strictement nécessaires pour donner à l'esprit un aliment complet. Toutes les autres seraient facultatives. Chacun prendrait le fardeau qu'il est capable de porter. En restreignant ce qu'on aurait à apprendre à chacun, on aurait alors le temps d'enseigner la méthode en même temps que la connaissance ; et à cette condition seule, l'enseignement deviendrait vraiment substantiel et éducatif. »

B. — *Les méthodes.*

Ainsi, l'allègement des programmes et la faculté d'opter entre les diverses matières non obligatoires : telles sont les deux conditions préalables et nécessaires des bonnes méthodes éducatives.

M. Boutmy s'est attaché à mettre en lumière le principe essentiel de toute éducation intellectuelle, vraiment digne de ce nom.

« L'instruction secondaire comprend deux actes distincts, aussi nécessaires l'un que l'autre : le premier est l'acquisition des connaissances, le second est la réflexion, appliquée aux connaissances acquises. Le premier consiste à absorber, le second à digérer.

« Tout l'effort des organisateurs de l'enseignement secondaire a constamment tendu à diminuer la part de la réflexion, à augmenter celle de la pure acquisition des connaissances (1).

« Il s'agit donc de rendre à la réflexion sa place dans l'ensemble de l'éducation. »

Dès lors, les élèves apprendront beaucoup moins de choses, mais ils les apprendront beaucoup mieux, c'est-à-dire à fond et librement.

« Enfin, pour rendre la réforme féconde, il serait nécessaire, dit M. Manœuvrier, de changer notre système actuel des *classes*, et de lui substituer, avec les amendements convenables, celui qui a prévalu dans l'enseignement supérieur (et aussi dans l'enseignement primaire supérieur), et qui est le système des *cours*. Il faudrait remplacer un processus aveuglément chronologique, par un processus logique.

« Au lieu des professeurs de quatrième, troisième, seconde, rhétorique, enseignant à tous à la fois, le français, le latin et le grec, on aurait des professeurs de français, faisant aux mêmes élèves successivement un cours élémentaire, un cours moyen et un cours supérieur ; des professeurs de latin, des professeurs de grec, enseignant dans les mêmes conditions. De même pour l'histoire, pour les sciences, etc. Ce serait le principe de la division du travail

---

(1) Fort heureusement pour leurs élèves, les professeurs de l'Université résistent le plus qu'ils peuvent à cette oppression des programmes. Ils prennent sur eux de ne pas sacrifier l'esprit aux connaissances.

appliqué aux études, avec grand profit pour les maîtres et pour les élèves.

« Nos enfants ne seraient pas forcés d'étudier tous indistinctement les mêmes choses, celles qui leur servent et celles qui ne leur servent pas ; celles qu'ils comprennent et celles qu'ils ne comprennent, pas. Ils pourraient s'attarder dans un enseignement sans compromettre tout le reste : se trouver, en même temps, pour les langues mortes ou vivantes, dans un cours moyen ou supérieur, et, pour les sciences, dans un cours élémentaire, et *vice versa*.

« Ainsi notre organisme scolaire acquerrait une souplesse qu'il n'a pas aujourd'hui. Ainsi les parents pourraient choisir la forme spéciale d'enseignement qui conviendrait à eux et à leurs fils. Ainsi on pourrait doser en quelque sorte les études d'après les facultés et les varier suivant les destinations.

« Par là on éviterait cette énorme déperdition de forces qui résulte de la présence dans nos classes d'une majorité d'élèves qui perdent leur temps, au grand dommage de l'Université et du pays.

« *M le Président*. — Le système des cours a été essayé en Angleterre. Vous savez l'objection qu'il soulève.

« On a prétendu que l'élève avait besoin de s'attacher à un professeur et que la dispersion qui résulte des cours aurait peut-être un certain inconvénient dans l'enseignement secondaire...

« *M. Manœuvrier*. — Je vais essayer de répondre à cette objection, monsieur le Président.

« Si l'on veut que les maîtres et les élèves se lient entre eux par des relations de sympathie — ce qui est, en effet, un bien inestimable, car toute vraie éducation est une amitié, — on obtiendra ce résultat bien plus sûrement par le système que je préconise.

« En effet, avec le régime actuel des classes, que se passe-t-il ?

« Les élèves faibles ou médiocres, paresseux ou indifférents, obtiennent faiblement, en fait, l'attention du professeur. Sauf de très méritoires, mais très rares exceptions, le maître s'intéresse fort peu à eux. Dans quelques mois il ne les verra plus ; il n'entendra plus parler d'eux ; il passera la main à un collègue ; c'est à peine s'il retiendra les noms de ces pauvres oiseaux de passage. Aussi, dans la grande majorité des cas (il y a, je le répète, de très honorables exceptions), aucun lien sérieux n'existe et ne subsiste ni entre les esprits, ni entre les cœurs : ce sont des connaissances de villes d'eaux, sans lendemains.

« Si, au contraire, le système des cours était établi, les mêmes maîtres et les mêmes élèves devraient se trouver en présence pendant trois ou quatre ans. Alors le professeur se dirait : Tous ces enfants m'arrivent librement et me seront laissés pendant plusieurs années de suite : j'ai, seul, la responsabilité de leurs progrès ; je puis organiser mon enseignement avec ma méthode propre, avec une gradation réfléchie. Je les conduirai seul depuis les éléments de la science jusqu'aux degrés supérieurs...

« Ne pensez-vous pas que ces relations prolongées seraient, à tous égards, plus satisfaisantes que les rapports éphémères qui existent aujourd'hui? Ne pensez-vous pas que ce rôle d'éducateur, que l'on regrette si souvent et si justement de ne pas voir jouer à nos professeurs, ils le prendraient tout naturellement, lorsque, par un long usage, ils connaîtraient non seulement l'intelligence, mais aussi le caractère de leurs élèves? La confiance, l'amitié ne naîtraient-elles pas forcément? »

Dans tout ce qui précède, on a eu surtout en vue l'enseignement secondaire préparatoire à l'enseignement supérieur.

Non multa, sed multum; des têtes bien faites, non des têtes bien pleines, voilà quelle doit être la devise de tout enseignement théorique.

Programmes et méthodes de l'enseignement utilitaire.

Pour l'enseignement secondaire utilitaire, il faut se préoccuper de deux *desiderata*. Il s'agit de trouver un programme qui satisfasse à deux conditions en apparence inconciliables : donner à l'enfant une provision suffisante de connaissances appropriées aux besoins de la vie et en même temps ne pas le retenir trop vieux sur les bancs de l'école.

Ce programme, matières à enseigner et méthodes, M. Chailley-Bert l'a formulé avec toute la netteté désirable.

« Que faut-il à l'enfant qui suit les cours de l'enseignement primaire supérieur ou secondaire moyen?

« Un ensemble d'idées et de connaissances à la fois communes et indispensables à la plupart des carrières où il pourrait espérer d'entrer; je veux parler de l'agriculture, de l'industrie, du commerce ou des carrières coloniales.

« Je distingue entre les idées et les connaissances. Et je dis que cet enseignement devra : 1° déposer et faire pénétrer à jamais dans la mémoire un nombre limité de *connaissances* indispensables; 2° déposer dans son entendement un nombre limité d'*idées* fondamentales. Vous devinez qu'ici je fais allusion au double devoir de tout enseignement, au devoir d'*éducation* et au devoir d'*instruction*. Pour ce qui est de l'instruction, j'estime que le programme devrait être conçu de telle façon que, si l'élève en reste là, il soit muni de l'indispensable, et que, si plus tard il aspire à une culture plus complète, il puisse y parvenir facilement en prenant comme base, comme point de départ ce que lui aura donné l'enseignement primaire supérieur ou secondaire moyen.

« Ce programme ne serait, d'ailleurs, pas chose

nouvelle. Il se rapprocherait beaucoup de celui de l'enseignement qu'autrefois avait organisé un grand ministre de l'Instruction publique, M. Victor Duruy, je veux dire l'enseignement spécial, dont l'échec, facilement explicable, a été un grand malheur pour la démocratie.

« Il devait, suivant moi, se composer de :

« L'étude de la langue française et de la littérature française ;

« Des sciences mathématiques : arithmétique, algèbre, géométrie, mécanique ;

« Des sciences physiques et naturelles : physique, météorologie, chimie, géologie, botanique, physiologie, hygiène ;

« De l'histoire de France et de la géographie de la France, avec un coup d'œil sur la géographie et l'histoire générales ;

« Enfin des langues étrangères. Comme il s'agit de préparer à l'industrie, au commerce et à la colonisation, je mettrais en première ligne l'anglais obligatoire, avec l'allemand ou l'espagnol facultatifs.

« Tel est le programme que j'assignerais à cet enseignement primaire supérieur.

« Cela, en trois ou quatre années, de façon à rendre l'enfant à la société vers quatorze ou quinze ans.

« Et cela enseigné dans un esprit pratique. Il est évidemment malaisé de combiner l'esprit pratique avec l'esprit scientifique. Voici ce que j'entends par ces mots « enseigné dans un esprit pratique. » Je prends un exemple : les mathématiques. L'enfant est à l'école pour trois ou quatre ans ; on sait à quoi il se destine. Qu'on n'aille pas lui enseigner les mathématiques comme à l'élève qui plus tard les étudiera à fond. Il ne s'agit pas de le pénétrer de l'esprit mathématique, de la méthode mathématique. L'esprit mathématique se forme, la méthode mathématique se révèle par le long commerce des mathématiques, par l'initiation au calcul intégral, à l'analytique, etc. En dehors de cela, ni esprit mathématique, ni méthode mathématique. Or, dans ce qu'on appelle les « élémentaires », il y a bien des notions qui ne sont données, que parce qu'elles sont un acheminement aux raisonnements mathématiques, une sorte de préparation à la méthode mathématique. Ces notions, l'écolier de l'enseignement primaire supérieur n'en a que faire. Il ne sera jamais un mathématicien, ni peut-être même un ingénieur. Mais il peut avoir à résoudre quantité de problèmes pratiques : mettez-le en mesure de les résoudre. Beaucoup sont simples, quelques-uns sont compliqués ; outillez-le de telle façon qu'il puisse s'en tirer. Il faudra mesurer des distances, calculer des hauteurs, évaluer même des forces (chutes, courants d'eaux, etc) ; enseignez-lui les formules qui permettent de faire le calcul, indiquez-lui en gros les éléments qui les composent ; d'autres lui enseigneront plus tard, s'il continue, la manière d'établir les formules elles-mêmes.

« Le reste dans le même esprit. S'agit-il de sciences morales? envisagez d'avance ce qui intéressera l'homme d'action, le producteur, le contribuable, le citoyen. En histoire ; les guerres passées, l'abaissement de la Maison d'Autriche, la question d'Orient? non pas, sauf en passant ; mais la vie nationale, le laboureur et le régime féodal et le régime foncier, le marchand et les douanes intérieures et le système de Colbert et les corporations et les compagnonnages, les rois faux monnayeurs, les famines et la liberté du commerce des grains ; le citoyen français et l'origine et le développement de l'idée de patrie, la naissance du patriotisme, etc., etc., en un mot, ce qui touche surtout le citoyen et le producteur, l'homme de raison et l'homme d'argent.

« De même les langues étrangères, moins de Shakespeare et de Gœthe que de conversation courante et de lectures de journaux et de rédactions sur les sujets de la vie quotidienne.

« Ne visez pas à faire des savants (ce n'est pas votre affaire), ni des demi-savants (ce n'est l'affaire de personne), mais des hommes armés pour la vie et armés au moins autant pour la lutte contre les choses que pour la lutte contre les hommes. »

Les langues vivantes.

Qu'il soit nécessaire d'attribuer dans tout l'enseignement secondaire une grande place aux langues vivantes, personne ne le conteste.

Il y a unanimité sur ce point. Mais dès qu'il s'agit de préciser la méthode et le but de cet enseignement de vives discussions s'élèvent.

L'enseignement doit-il être théorique, doit-il être pratique? Le professeur d'allemand ou d'anglais est-il un éducateur, comme le professeur de latin, de grec, de français ou bien ne doit-il être qu'un « maître de langues. » Doit-il s'attacher aux études grammaticales, aux exercices de thèmes ou de versions qui rompent les élèves aux finesses de la langue étrangère en même temps qu'ils les forcent à étudier les ressources de leur propre langue; doit-il par des explications et des lectures initier les jeunes esprits aux beautés des grands écrivains comme Gœthe ou Shakespeare? Doit-il au contraire négliger l'étude grammaticale et littéraire et pratiquer la méthode directe, l'enseignement oral, la conversation usuelle, en un mot réduire l'étude des langues vivantes à une simple imitation mécanique et mnémotechnique?

La querelle est vive entre partisans et adversaires, et des mots dédaigneux sont échangés. « Vous enseignez les langues vivantes comme les langues mortes », disent les uns.

« L'école publique a mieux à faire qu'à former des garçons d'hôtel ou des interprètes dans les gares, disent les autres. »

La vérité ne serait-elle pas, comme toujours, dans la conciliation des contraires? Sans doute « le parlottage « (das Parlieren), comme disent certains, ne

saurait suffire à l'enseignement des langues vivantes
dans nos lycées et collèges. Mais encore ne fau-
drait-il pas, comme le constatent avec regret presque
toutes les Chambres de commerce, que les élèves
sortissent du lycée capables de traduire — avec un
dictionnaire — Shakespeare ou Gœthe et incapables
de soutenir la plus petite conversation avec un
Anglais ou un Allemand.

Toute question d'amour propre mise à part, il
faut que le professeur de langues vivantes soit
d'abord et avant tout un maître de langues. (Il va de
soi que nous supposons données les conditions
matérielles qui rendront possible la pratique directe
et orale et en premier lieu la diminution du nombre
des élèves). Il est de toute nécessité que les élèves
sachent parler et écrire couramment la langue
usuelle. Et le savoir d'un garçon d'hôtel ou d'un
interprète n'est pas à dédaigner. Il n'en faut pas
plus à un industriel et à un commerçant pour lire
les journaux étrangers, voyager, étudier sur place
les possibilités d'exportation, etc. Cette méthode
pourrait être pratiquée dans le premier cycle des
études; elle donnerait à tous ceux qui sortent vers
quinze ans et qui se destinent au commerce et à l'industrie une connaissance précieuse — parce qu'u-
tile.

Quant à ceux qui ont le loisir de faire des études
complètes, classiques ou modernes, qu'ils traduisent
et qu'ils admirent les grands écrivains, qu'ils pé-
nètrent plus avant dans l'intelligence de la langue

et du génie des peuples étrangers, rien de mieux. Mais c'est là un enseignement de luxe, et il faut le réserver à ceux qui ont déjà le nécessaire. Il doit être le couronnement, non la base des études.

Ou peut-être vaudrait il mieux pratiquer en même temps ces deux méthodes. Dans les *classes*, le professeur donnerait un enseignement général et théorique que *tous* suivraient. Dans les *cours*, le professeur n'ayant qu'un petit nombre d'élèves *dix au maximum*, les interrogerait, causerait avec eux, les ferait parler. Pour préciser, soit une classe de trente élèves. Le professeur fait à tous trois classes d'une heure par semaine. En dehors de ces trois classes, il prend les élèves par groupe de dix (il n'y a aucun inconvénient et tout avantage à laisser le professeur libre de grouper ses élèves comme il l'entendrait) et deux ou trois fois par semaine, une heure chaque fois, leur fait pratiquer la conversation usuelle et la lecture des journaux.

Comme réforme pratique, la première qui s'impose est donc de diminuer le nombre des élèves sinon dans les classes, du moins dans les cours. S'il est une vérité pédagogique indéniable, c'est que l'enseignement oral et pratique est matériellement impossible avec des élèves nombreux.

Les professeurs ne sont pas seuls à proclamer cette vérité : les Chambres de commerce y insistent dans leurs dépositions.

« Que pourrait-on faire pour améliorer le sort des langues vivantes ?

« Nous sommes heureux de constater que l'enseignement des langues vivantes a fait de sérieux progrès dans les établissements universitaires. Le corps des professeurs est beaucoup plus compétent, mieux préparé, et animé d'un zèle très louable.

« Malheureusement, ils ont trop d'élèves à la fois. Pour leur permettre de multiplier les interrogations et d'arriver ainsi à faire parler l'élève, il faudrait réduire de moitié le nombre des présents, en augmentant celui des heures fournies par chaque professeur. C'est une question d'argent, mais le résultat à obtenir en vaut la peine. » (*Chambre de commerce de Lyon.*)

D'autres innovations sont proposées dont l'effet pourrait être très heureux.

Nous signalerons notamment celle qui a été introduite par la direction de l'École supérieure de commerce de Lyon.

« Elle consiste, à avoir à côté des professeurs de langues, un étranger ne parlant pas français et qui vient de temps en temps dans les classes pour faire causer les élèves. On pourrait recourir au même moyen dans les collèges, au moins dans les classes où les élèves sont assez âgés et assez sérieux pour comprendre toute l'utilité de cette méthode et ne pas l'entraver par leur indiscipline. Car, il faut bien en convenir, l'indiscipline a été pendant longtemps la pierre d'achoppement de l'enseignement des langues vivantes. » (*Chambre de commerce de Lyon.*)

« Comme moyen d'émulation et de récompense chez les grands, les voyages à l'étranger devraient être recommandés ; il est employé au collège de Honfleur et très apprécié des élèves ». (*Chambre de commerce de Honfleur.*)

Le Dessin.

Dans tous les types d'enseignement : classique moderne ou secondaire moyen, il conviendrait de donner plus d'importance à l'étude du dessin. Toutes les Chambres de commerce insistent sur l'utilité et la nécessité de cet art.

« Nous voudrions aussi qu'on donnât une plus grande part à l'étude du dessin, non seulement du dessin linéaire, mais du dessin d'ornementation qui s'étend maintenant à un si grand nombre d'industries. » (*Chambre de commerce de Roanne.*)

« Quant au *dessin*, son enseignement laisse beaucoup à désirer. Il est à peu près nul, sauf pour les candidats à Saint-Cyr, à Polytechnique et à l'École navale, et cependant peut-on dire qu'un futur industriel ou un futur commerçant, dans un pays où les produits ont très souvent un caractère artistique, ait moins besoin de savoir le dessin qu'un futur officier ou un futur ingénieur des services publics ?

« Pour donner à cet enseignement quelque chance de succès, il faut non seulement lui accorder un plus grand nombre d'heures et des professeurs mieux choisis, mais il faut obliger les familles et les enfants à le prendre au sérieux, comme il le mérite, en créant une épreuve de dessin pour les examens de sortie comme elle existe pour les écoles dont nous venons de parler.

« Notre Chambre a, dans le même ordre d'idées, déjà obtenu de l'Ecole supérieure de commerce de Lyon, que le dessin fût inscrit au programme de ses examens d'admission. Il nous paraîtrait très désirable qu'on en fît autant au moins pour le baccalauréat de l'enseignement moderne ou spécial. Tout homme instruit devrait pouvoir faire un croquis d'ornement ou de figure. La vogue de la photographie, qui a remplacé sous ce rapport les traditions des générations précédentes, exige qu'on réagisse sans retard contre une négligence très préjudiciable aux intérêts du pays.

« Tout est dit depuis longtemps sur les progrès artistiques des nations industrielles qui nous disputent les marchés du monde. On a beaucoup disserté sur ce danger, mais on n'a pas fait assez pour le combattre, on a prodigué les efforts du côté du grand art, on a même encouragé un certain art industriel, on a négligé le principal, qui est d'entretenir, dans tous les milieux où l'on travaille, le culte indispensable du goût. On a trop compté sur la réputation du goût français. Les qualités naturelles finissent par se perdre si on les néglige. Il n'est que temps de nous ressaisir, si nous ne voulons pas déchoir de la suprématie qu'on nous reconnaissait jadis. Pour cela, il faut absolument remettre le dessin en honneur dans toutes les classes de la société. L'enseignement secondaire ne saurait s'en dispenser.

« Pour les industries de notre région, nous irions presque jusqu'à dire que l'intérêt de cette réforme prime celui de la diffusion des langues vivantes.

« Il nous paraît nécessaire de rénover les méthodes d'enseignement du dessin, de remplacer en partie par un cours parlé, par des explications données au tableau, la simple, monotone et inintelligente copie de la figure antique. On devrait encourager les maîtres qui savent donner de la vie à leurs leçons et tirer leurs cours de la torpeur qui les caractérise aujourd'hui. La plupart de nos enfants seraient très capables de s'intéresser à ce qu'on a si justement appelé la grammaire des arts du dessin, si on voulait se donner la peine de la leur expliquer. Malheureusement on ne fait rien dans ce sens. C'est que l'on n'a jamais pris, pour former des maîtres de dessin, la peine qu'on s'est très justement donnée pour la formation des autres maîtres. En cette matière, comme en tant d'autres, faire soi-même ou enseigner sont deux choses bien différentes. Tel qui peut admirablement dessiner sera toujours incapable de professer. Demandons donc qu'on s'occupe sérieusement de la préparation des maîtres. C'est par ce moyen qu'on est arrivé à réaliser quelques progrès dans l'enseignement des langues vivantes. Il nous paraît nécessaire d'y recourir aussi d'une certaine manière pour le dessin. » (*Chambre de Commerce de Lyon.*

LA SÉLECTION

*Les examens de passage. — L'épreuve éliminatoire
à l'entrée du deuxième cycle.*

Nous avons dit plus haut que l'enseignement
secondaire devait être accessible et ouvert à tous.
L'idéal serait qu'il fût gratuit et seule la question
financière s'oppose en fait à la réalisation de cet
idéal démocratique. Au moins convient-il de ne pas
chercher par des moyens artificiels à établir une
sélection à l'entrée des lycées et collèges. Mais est-ce
à dire qu'il faille attendre pour opérer la sélection
nécessaire la fin des études secondaires, attestée
dans le système actuel par le baccalauréat? On sait
les déplorables résultats de ce système : la moitié,
ou peu s'en faut, des élèves se traînant péniblement
jusqu'à la fin, c'est-à-dire, jusqu'à l'échec final, et
l'autre moitié, celle qui triomphe, composée en
grande partie d'un lot de médiocrités à qui la
chance plus que le mérite conquiert la fameuse

baie de laurier. Au demeurant, deux tiers environ de non-bacheliers ou de bacheliers également impropres à l'enseignement supérieur et à l'action pratique. Comment rendre impossible cette fabrication universitaire ou congréganiste, — peu importe au point de vue social, — de non-valeurs qui encombrent l'enseignement d'abord, la société ensuite?

Le remède a été signalé en même temps que le mal dans plusieurs dépositions. Il consiste à changer le moment où doit s'opérer la sélection. Ce n'est ni au commencement, ni à la fin des études secondaires, c'est au milieu, qu'il faut procéder à cette *élimination* qui rejettera vers les métiers et professions actives, où l'apprentissage doit commencer vers la quinzième année, la masse des jeunes gens que ni leurs aptitudes, ni les besoins sociaux n'appellent à l'enseignement supérieur. S'étonne-t-on qu'un changement de date soit d'importance aussi capitale? Qu'on réfléchisse aux dispositions d'esprit de presque tous les parents français. Que dit le père de famille à son fils avant de le mettre au collège? Songe-t-il au métier ou à la profession qu'occupera plus tard l'enfant devenu homme? Non. Il lui dit, selon le mot si juste et si spirituel de M. Lavisse : « Mon fils, sois d'abord bachelier ». Et voilà le fils parti à la conquête du parchemin qui est censé mener à tout, et qui pour tant de jeunes gens ne mènera à rien. Si l'enfant est doué — je ne dis pas intelligent, car on peut être intelligent et ne pas aimer les études théoriques, on peut avoir par exemple l'intelligence du concret et pas celle de l'abstrait — s'il est apte, rien de mieux. Il ira jusqu'au bout d'un pas allègre, et dût-il trouver sur sa route un obstacle, un examen de passage, il le franchira en se jouant. Mais s'il n'est pas apte, que va-t-il devenir après une expérience de deux ou trois années ? Si les parents ont du bon sens, étant avertis, ils le retireront du collège, et rien ne sera perdu. Mais, si les parents ont moins de bon sens que de vanité (et la vanité, si l'on croit La Fontaine, est proprement un mal français), s'ils obéissent à l'amour-propre, à la fausse honte (que de bourgeois ne rêvent pour leur fils que les carrières dites libérales !) le malheureux enfant, qui n'en peut mais, est condamné à « faire toutes ses classes », à courir la chance de cette loterie qu'on estime être le baccalauréat : c'est le forçat de la galère universitaire. Eh bien, il ne faut plus que le père puisse dire à son fils : « Sois d'abord bachelier. Fais d'abord toutes tes classes; » il faut qu'il lui dise : « Mon fils, tu vas entrer au collège, les maîtres vont te mettre à l'épreuve. Si tu témoignes d'aptitudes suffisantes, tu iras jusqu'au bout; sinon, tu seras arrêté en chemin et tu quitteras le collège pour l'apprentissage du métier que tu voudras. »

« A partir de la fin de la quatrième (1) ou, si l'on veut, de la troisième, aussi bien dans les établisse-

(1) Buisson.

ments publics que dans les établissements libres, un professeur de l'enseignement supérieur, délégué comme président, avec un droit de *velo* dont il aura bien rarement besoin d'user, se rend au collège, se rencontre avec le chef de l'établissement et les deux professeurs de la classe d'où sort l'élève et de celle où il doit entrer. Ce petit jury, en quelques minutes, par l'examen du livret de l'élève, au besoin par un devoir et quelques questions complémentaires, pourra savoir et dire pertinemment où en est cet élève, s'il est ou non en état de « suivre », si l'on peut l'autoriser à passer dans une classe supérieure ou s'il faut en conscience prévenir la famille de son erreur et de l'inutilité de ses sacrifices.

« Voilà la *préface normale* d'un bon et vrai baccalauréat, et voilà l'*antidote* du mauvais et du faux baccalauréat.

« Une fois cette habitude prise, on ne rêvera plus à un diplôme obtenu par surprise; on saura que c'est impossible. Et de deux choses l'une : ou l'on travaillera pour l'obtenir normalement et loyalement, ou l'on y renoncera pour faire, tandis qu'il en est temps, des études plus humbles, mais plus sérieuses et plus pratiques. De la sorte, le vrai caractère du baccalauréat sera compris de tout le monde : parents et élèves sauront qu'on n'y arrive que par une succession d'examens qui en donneront le type et qui attacheront presque infailliblement le succès au travail continu, non de deux jours ou de deux mois, mais d'une ou plusieurs années. Le baccalauréat sera une sanction véritable, une consécration des études mêmes et, par conséquent, il cessera d'exercer une action démoralisante dans les familles, les élèves et les établissements. »

La déposition de M. Foncin corrobore celle de M. Buisson :

« L'enseignement secondaire a surtout pour but de préparer l'élite, les chefs de la pensée et de l'action nationales ; il faut donc que l'enseignement secondaire, en préparant cette élite, opère sans cesse une *sélection progressive* parmi ses élèves, de manière à ne laisser monter jusqu'en haut que les plus intelligents et les meilleurs.

« Cette sélection pourra s'exercer naturellement par des examens assez faciles au début et de plus en plus sévères. Je voudrais même qu'il y en eût un plus important que les autres, que je placerais précisément à la coupure que j'ai indiquée entre l'enseignement secondaire et l'enseignement secondaire supérieur, c'est-à-dire au sortir de la classe actuelle de quatrième.

« Entre ces deux cycles d'études *cet examen strictement éliminatoire* donnerait droit à un certificat d'études secondaires, et les élèves, munis de ce certificat, pourraient, ou continuer leurs études, ou quitter la maison. Ils pourraient entrer, avec ce certificat, dans toutes les écoles techniques, si nombreuses et si nécessaires, qui existent autour

des lycées et collèges. Ce certificat d'études secondaires ouvrirait donc des carrières qu'on pourrait
appeler de second ordre ; il ne formerait pas des
chefs ; il préparerait plutôt des contremaîtres. »

Cette sélection s'impose donc dans l'intérêt des
familles et de la société ; elle s'impose également
dans l'intérêt des études.

Quel merveilleux essor de l'enseignement secondaire supérieur, si jamais se réalisait cet idéal pédagogique : des classes allégées du poids mort des
retardataires. Quel entraînement chez les maîtres et
les élèves !

L'enseignement classique plus encore que l'enseignement moderne est intéressé à cette réforme. On
peut même dire que c'est pour lui une question de
vie ou de mort. M. Gaston Paris, que sa tendresse
pour l'enseignement qui l'a nourri ne rend pas
aveugle, mais clairvoyant, signale cet unique remède à la décadence des études gréco-latines.

« Je ne voudrais donc pas du tout qu'on détruisît
l'enseignement classique, je voudrais au contraire
qu'on le fortifiât ; il est très faible, et sa faiblesse
vient de l'encombrement de ces non-valeurs qui
traînent dans toutes nos classes. »

M. Gebhart, autre humaniste pieusement fidèle
au culte des bonnes lettres, fait volontiers sacrifice
de la quantité pour conserver la qualité.

« Parmi les causes de déclin des études classiques, je découvre d'abord l'encombrement des classes par des élèves médiocres ; il y a trop d'élèves de cette catégorie-là ; je ne veux pas employer, pour les qualifier, le mot familier que vous avez tous dans la pensée ; mais ce que j'avance est malheuréusement la vérité.

« Pourquoi y a-t-il tant d'élèves médiocres ? Y en a-t-il plus qu'autrefois ? Je l'ignore. Ce qui est certain, c'est que les classes sont alourdies, retardées par les mauvais élèves. Ce lest beaucoup trop pesant retarde les progrès de la classe. Le mauvais élève fatigue le professeur et il est de plus une occasion de distraction et d'étourderie pour les élèves d'esprit léger ; en un mot, il fait perdre du temps.

« Je crois qu'une branche de salut à laquelle nous devrions nous accrocher, et sans retard, serait tout simplement celle-ci : des examens de passage très rigoureux devraient écarter, à la fin de chaque classe les élèves franchement mauvais ; mais après la classe, de quatrième, entre les classes de grammaire et les classes supérieures, il faudrait qu'un examen de passage absolument sévère et implacable fît sortir des lycées de l'Etat des élèves qui évidemment ne donneront jamais aucun résultat.

« Nous garderions donc, dans les classes supérieures, je ne dis pas une élite — parce que rien n'est plus loin de ma pensée que de réserver l'éducation de l'enseignement secondaire classique à une aristocratie d'esprits très distingués — mais à un bon troupeau, à un petit bataillon de bons élèves, d'élèves intelligents, consciencieux et désirant faire de bonnes études.

« Ce petit bataillon conservé, je crois que les études se relèveraient par plus d'un côté. »

Mais, dit-on, cela existe déjà, l'examen de passage ; oui, cela existe, mais sur le papier. Il faut que cela devienne une *réalité* : il faut que cet examen de passage ait une valeur décisive et soit strictement éliminatoire. Mais comment éviter que cette nouvelle institution ne reste, comme l'ancienne, lettre morte ?

Il y aurait un moyen bien simple d'assurer l'efficacité de l'examen de passage, ce serait de donner, comme cela se fait en Allemagne, pleins pouvoirs à l'assemblée des professeurs et de déclarer ses décisions irrévocables. Nul doute que l'élimination des élèves incapables ne se fasse sans faiblesse, car les professeurs, toute autre considération mise à part, sont trop intéressés au relèvement des études pour ne pas apporter à ces examens éliminatoires une juste sévérité.

Mais il ne suffit pas d'assurer l'efficacité des examens de passage dans les établissements de l'État ; il faut encore, sous peine de favoriser la concurrence hostile à l'Université, l'imposer aux établissements libres. C'est pourquoi il est nécessaire d'établir à la fin du 1er cycle d'études un *examen strictement éliminatoire*, que tous les élèves, quelle que puisse être leur origine, seraient tenus de passer, et qui serait présidé par un professeur de Faculté, c'est-à-dire par un personnage officiellement autorisé, n'appartenant pas à l'enseignement secondaire, donc impartial et, ce qui importe beaucoup, tenu pour tel par tous.

Dès lors, plus de crainte de voir les élèves menacer de quitter l'établissement s'ils ne sont pas admis, en dépit de leur faiblesse ou même de leur nullité, dans la classe supérieure. Cette sorte de chantage, le mot n'est pas trop fort, n'effrayera plus les directeurs d'établissements, toujours soucieux de ne pas voir diminuer l'effectif de leurs élèves, et nous verrons sans doute se créer de nouvelles mœurs scolaires. Les administrateurs pourront avoir la main plus ferme, être moins empressés à retenir, contre leur intérêt, et contre l'intérêt du lycée, des élèves notoirement incapables de suivre l'enseignement secondaire. Les élèves ne seront plus tentés d'imiter le lièvre de la fable et de dire : J'ai bien le temps de partir; j'ai le temps de travailler; je n'ai pas d'examen avant six ans, je rattraperai plus tard le temps perdu.

Avec l'examen de passage à la fin du 1er cycle, c'est l'échéance non plus lointaine, mais prochaine, mais pressante. Les élèves sont trop avisés pour ne pas vite comprendre qu'il leur faudra opter sans attendre entre ces deux partis : travailler ou s'en aller.

20.

Cette sélection par voie d'élimination n'est pas une utopie pédagogique ; elle se pratique *quelque part*, au grand profit des élèves et de la nation.

En Allemagne, l'enseignement secondaire est une institution d'Etat, ce qui supprime tout antagonisme entre l'Eglise et l'Etat, toute compétition, toute sollicitation de la clientèle. « D'où, comme conséquence immédiate (1), la sévérité absolue dans le choix des élèves, l'enseignement secondaire réservé exclusivement aux meilleurs, pour l'élimination impitoyable, d'année en année, de tous les éléments incapables d'en profiter complètement ». Cette sévérité ne date pas d'aujourd'hui.

« Les jeunes gens, dit le Code prussien de 1794, qui n'ont pas d'aptitudes suffisantes pour les études secondaires, doivent en être détournés le plus tôt possible ; et leurs parents prévenus afin qu'ils puissent les diriger en temps utile vers une autre carrière profitable. » Mêmes instructions presque dans les mêmes termes dans le plan d'études bavarois de 1891.

La sélection ainsi faite à tous les degrés et sur toute l'étendue du territoire, on conçoit que l'enseignement secondaire donne des résultats admirables.

Et comme conséquence d'un système qui met le but et la récompense suprême des études dans le succès constant et régulier, dans la *maturité* conquise d'année en année par le travail et l'effort de tous les jours ; pas d'examens extérieurs aux

(1) Pinloche.

études, pas de concours, pas de distributions de prix, en un mot, rien de ce qui peut laisser une part au hasard, favoriser la paresse intelligente et les succès d'un jour, en faisant de la vanité un des plus puissants stimulants de l'éducation. »

Toute réforme de l'Enseignement secondaire, qui n'édicterait pas ce *principe de la sélection*, et qui négligerait d'indiquer les *moyens efficaces* de l'appliquer, ne saurait avoir ni valeur *pédagogique*, ni valeur *sociale*.

IV

LES RÉSOLUTIONS ADOPTÉES PAR LA COMMISSION
D'ENQUÊTE

I. — *Principes généraux*

1° Maintenir l'enseignement classique traditionnel, et le fortifier. Or la condition *sine qua non*
de ce maintien et de ce relèvement de l'enseignement classique gréco-latin, c'est de réduire sa
clientèle aux justes proportions qu'imposent et la
difficulté de ces études, et la limite des besoins nationaux. Il y a là, pédagogiquement et socialement,
une *nécessité absolue*.

2° Maintenir l'enseignement moderne, et lui permettre de vivre, car il a droit à la vie. Or il
n'aura vie pleine et entière, que du jour où il ne
pâtira plus d'une inégalité qui n'est qu'une injustice.

Le vieil humanisme est assez fort pour n'être ni jaloux, ni exclusif, ni oppressif? Aussi bien n'a-t-il rien à gagner à cette lutte. Ses meilleurs amis l'affirment : il est puéril de vouloir arrêter une évolution qui a produit les littératures modernes et les nations modernes (1). Vivre, et laisser vivre, telle doit être la devise de tous. L'égalité supprimera entre les deux enseignements l'animosité et l'hostilité. Elle créera, avec une loyale émulation, l'estime et l'amitié.

Pourquoi les « anciens et les modernes » seraient-ils frères ennemis?

Sont-ils donc si différents et si éloignés les uns des autres ? N'étudient-ils pas les mêmes chefs-d'œuvre français.

Si les « *anciens* » peuvent lire les chefs-d'œuvre grecs (2) et latins « dans la majesté du texte », les « *modernes* » sont-ils tout à fait indignes de les aimer pour les avoir lus dans les traductions. Priam aux pieds d'Achille est-il moins touchant, Œdipe moins douloureux dans la traduction que dans l'original ?

Traduites, ces plaintes et ces lamentations ont sans nul doute moins de *beauté formelle*, mais en ont-elles moins de pathétique? Et si l'argument

---

(1) Bréal. *De l'enseignement des langues anciennes*, p. 61. Cité par M. Ribot, *Introduction générale*. L'éminent linguiste ajoute : « Les gouvernements feront sagement de donner satisfaction à ces tendances en multipliant les types d'instruction. »

(2) Ils ne le pourront plus, si le grec est supprimé. Et combien le peuvent aujourd'hui ?

valait contre les « *modernes* », comme il serait facile de le retourner contre les « *anciens* » à qui nous refuserions, au même titre et pour les mêmes raisons, l'intelligence de Shakespeare ou de Gœthe, de Dante ou de Cervantès.

Aux « anciens » et aux modernes », la Commission et, nous l'espérons, le Parlement dira : Plus de guerre intestine! Qu'une paix féconde s'établisse!

Plus d'oiseuses discussions! Suivez le conseil de Candide : « Cultivez chacun votre jardin! Travaillez (1) ! »

3° L'humanisme, ancien ou moderne, n'a plus seul la possession exclusive du lycée ou du collège; Il lui faut faire place à un compagnon très humble,

(1) Je ne méconnais pas la décision prise à *une voix de majorité* par la Commission et qui maintient que le latin sera exigé à l'entrée des Facultés de droit et de médecine. La Commission, tout en reconnaissant en principe une valeur égale aux deux enseignements classique et moderne, n'a pas cru devoir aller jusqu'à accorder l'égalité de sanction. Mais elle corrige cette inégalité en instituant — dans le deuxième cycle d'études — des cours gradués de latin pour les élèves de l'enseignement moderne qui veulent se préparer au droit ou à la médecine ; de telle sorte que l'enseignement moderne, avec un changement d'aiguillage à l'entrée du deuxième cycle, conduira à *toutes les carrières*, sans exception.

Si, pour ma part, j'ai voté contre l'égalité de sanction, ce n'est pas du tout que je fusse hostile en principe à cette réforme; mais j'estime que conférer les mêmes sanctions à deux enseignements *d'inégale durée* (système actuel) c'eût été favoriser l'un au détriment de l'autre. *L'égalité de durée* me paraît être la condition préalable et nécessaire de *l'égalité de sanction*. Cette condition réalisée, j'accorderai sans hésiter à *mérite égal, sanctions égales*.

mais très exigeant, dont le nom même est déplaisant aux oreilles des raffinés : l'*utilitarisme*, ou comme disent les Allemands, le « *réalisme*. »

La concurrence internationale, la « lutte pour la vie » nous rappelle la vérité du vieil adage où s'exprime le sens commun. *Primum vivere deinde philosophari.*

Sans aller jusqu'à souhaiter que cette maxime soit inscrite, en gros caractères, à l'entrée de tous nos établissements d'enseignement secondaire, on peut exiger qu'elle soit toujours présente à l'esprit de tous ceux qui ont la charge et la direction de l'enseignement.

Le plan d'études sera donc un édifice « tripartite. »

II. — *La division tripartite*

La Commission d'enquêtes a adopté la division tripartite de l'enseignement secondaire.

Enseignement classique (avec latin obligatoire et grec facultatif).

Enseignement moderne (avec langues vivantes).

Enseignement pratique *complémentaire* ou *annexe.*

Cette *diversité* des types d'enseignement est nécessitée par la *diversité* des aptitudes et par la diversité des besoins *sociaux.*

Dans chaque type d'enseignement il y aura des cours obligatoires et des cours facultatifs.

Les cours facultatifs ajouteront au bénéfice de la diversité les avantages d'une grande *souplesse* de combinaisons. C'est un appel à l'initiative des intelligences et des volontés, c'est dès l'école un apprentissage de la liberté et de la responsabilité.

L'*unité*, si nécessaire à l'enseignement secondaire national, sera assurée par l'étude obligatoire et primordiale de notre langue, de notre littérature et de notre histoire.

L'*âme* de l'enseignement secondaire, quelle que soit la variété des types et des combinaisons, sera l'étude du français.

III. — *La correspondance et les communications des divers enseignements.*

La division en deux cycles.

La *diversité* ne doit pas entraîner la *séparation*. Plus de parallélisme sans point de contact, plus de cloisons étanches, plus de systèmes fermés, plus d'impasses ; au contraire facilité de communications, correspondances entre les divers types d'enseignement.

On accédera du classique au moderne ou du moderne au classique, du primaire supérieur au second degré du classique ou du moderne. Cette *multifurcation* se fera à la fin du premier cycle, au gré des vocations ou des besoins.

Un élève de classique désire-t-il quitter les études

gréco-latines, il entrera de plain-pied dans le deuxième cycle de l'enseignement moderne. Inversement un élève de moderne ou de primaire supérieure a-t-il fait preuve de remarquables aptitudes littéraires et se sent-il appelé vers le professorat, le droit ou la médecine, il entrera de plain-pied dans le deuxième cycle de l'enseignement classique où des cours seront ménagés pour lui apprendre en trois ans le latin et s'il le faut, le grec (1).

Dès lors plus d'erreurs irréparables, plus de bons élèves en détresse.

Et dans l'intérieur du lycée ou collège, plus d'*hostilité* de caste, partout au contraire l'*harmonie et la solidarité.*

L'enseignement utilitaire sera institué de deux façons ?

1° Il pourra avoir son existence propre à côté de l'enseignement classique ou moderne; dans tous les collèges ou lycées où les besoins régionaux seront assez intenses pour lui fournir une clientèle.

La troisième année du premier cycle sera, pour cet enseignement, l'année importante. Il devrait recueillir tous transfuges du *classique* ou du *moderne;* les uns décidés d'eux-mêmes à arrêter leurs études à la fin du premier cycle, les autres, à qui proviseurs et professeurs ont persuadé de quitter l'enseignement théorique où ils couraient à un

(1) Ainsi se fera chez nous l'expérience qui se fait en Allemagne avec l'*école réformiste,* et qui a été préconisée devant la Commission d'enquête par M. Foncin.

échec (épreuve éliminatoire à l'entrée du deuxième cycle) pour l'enseignement pratique où ils feront des études profitables.

2° Cet enseignement pratique peut se greffer — par des cours *complémentaires et facultatifs* — à la fois sur le classique et sur le moderne.

S'il est donné au lycée des conférences d'agriculture, pourquoi tous les élèves qui s'y intéressent n'y assisteraient-ils pas? — Pourquoi un cours de comptabilité ne serait-il pas fréquenté par tous les élèves qui se destinent au commerce? Le calcul pratique — pour prendre un dernier exemple — est-il moins nécessaire aux classiques qu'aux modernes?

Il va de soi que la prospérité de cet enseignement pratique dépend essentiellement de l'initiative et du zèle des chefs d'établissement. Les dépositions attestent que certains ont su déjà faire preuve de volonté et d'habileté — et qu'ils ont obtenu de beaux succès. (V. Ribot, Introduction générale, p. 1196, *in fine*.) Leur exemple doit être médité et suivi par tous les principaux et proviseurs.

IV. — *La sélection.*

Entre les deux cycles, c'est-à-dire avant l'entrée dans le cycle d'enseignement secondaire supérieur, se dresse, comme une *barrière*, un examen strictement *éliminatoire*. Seuls doivent donc être admis à l'enseignement du deuxième degré les élèves qui, à l'épreuve, s'en seront montrés dignes.

Bénéfice pédagogique : Relèvement des classes, culture plus rapide et plus intensive.

Bénéfice social : Suppression à peu près complète du déchet de l'enseignement secondaire (ratés, déclassés).

V. — *Programmes et méthodes.*

La *modernisation* des programmes force l'enseignement secondaire à former des hommes de notre temps, des citoyens dans toute l'acceptation de ce beau mot.

L'allègement et l'*assouplissement* des programmes permet l'emploi des *bonnes méthodes* qui ne sacrifient pas l'esprit aux connaissances.

VI. — *La durée.*

La durée des deux enseignements théoriques — classique ou moderne — est égale.

Elle sera de six années. La sélection opérée entre les deux cycles permet de diminuer d'un an la durée des études secondaires : la qualité et le moins grand nombre des élèves permettant dans le second cycle une culture plus intensive et plus rapide.

La durée de l'enseignement moyen utilitaire est de trois années.

Une durée trop longue soit des études moyennes, soit des études complètes serait préjudiciable aux deux catégories d'élèves. Il ne semble pas d'autre part qu'on puisse réduire à moins de trois années le premier cycle et à moins de six années les deux cycles.

Je reproduis enfin les propositions de la Commission d'enquête — telles qu'elles ont été publiées dans l'*Introduction générale*, par M. Ribot, président de la Commission.

Plans d'études. — Programmes.

§ 1er. — DISPOSITIONS GÉNÉRALES.

1° (23°) (1) Les programmes ne traceront que des lignes générales.

Les proviseurs, après avis des Conseils de professeurs et sous l'autorité des recteurs, règleront les détails d'application des plans d'études, en tenant compte des besoins des élèves et des ressources de chaque établissement.

2° (24°) Il y aura dans les programmes de l'ensei-

(1) Les numéros 23°, 24° et suivants correspondent aux divisions de l'*Introduction générale*.

gnement classique et de l'enseignement moderne des matières obligatoires et des matières à option.

3° (25°) Le système des cours gradués sera substitué, autant que possible, à celui des classes.

4° (26°) Les proviseurs auront la faculté d'organiser des cours communs aux élèves de l'enseignement classique et à ceux de l'enseignement moderne.

5° (27°) La durée de chaque cours sera, autant que possible, d'une heure seulement.

§ 2. — ENSEIGNEMENT CLASSIQUE

6° (28°) L'enseignement classique sera divisé en deux cycles de trois années chacun.

7° (29°) Le programme du premier cycle comprendra l'éducation morale et l'instruction civique, la langue française, le latin, une langue vivante, l'histoire, la géographie, les éléments des mathématiques, le dessin et les éléments d'histoire naturelle.

8° (30°) Le latin sera enseigné en trois cours gradués.

Un seul professeur suivra, autant que possible, les élèves pendant ces trois années.

9° (31°) Les éléments du grec seront enseignés dans la troisième année.

Pour les élèves qui se préparent aux écoles scientifiques ou commerciales, l'étude du grec pourra être remplacée par des conférences de sciences ou des exercices de langues vivantes.

10° (32°) Le deuxième cycle comprendra, à titre de matières obligatoires, la littérature française, la littérature latine, la langue et la littérature grecques, l'histoire considérée dans ses grandes périodes et, au point de vue du développement de la civilisation, la géographie, la philosophie et, à titre de matières à option, les mathématiques, la physique, la chimie, l'histoire naturelle, les littératures étrangères, etc.

11° (33°) Il sera institué dans un certain nombre de lycées des cours préparatoires de latin et de grec pour permettre aux élèves sortant de l'enseignement moderne ou de l'enseignement primaire supérieur d'aborder le cycle supérieur de l'enseignement classique.

§ 3. — ENSEIGNEMENT MODERNE

12° (34°) L'enseignement moderne sera divisé, comme l'enseignement classique, en deux cycles de trois années.

13° (35°) Le programme du premier cycle comprendra obligatoirement l'éducation morale et l'instruction civique, la langue française, une langue vivante, l'histoire, la géographie, les éléments des sciences et le dessin.

Des cours complémentaires pourront être annexés

au programme. Ils seront appropriés aux besoins des futurs commerçants, industriels, agriculteurs, suivant les exigences des diverses régions.

14° (36°) Le deuxième cycle comprendra les sciences mathématiques, physiques et naturelles, la littérature française, les langues et les littératures étrangères, la philosophie, l'histoire considérée dans ses grandes périodes et, au point de vue du développement de la civilisation, la géographie dans ses rapports avec l'économie politique, le dessin, etc.

Pour répondre aux divers besoins des élèves, il y aura des cours obligatoires et des cours à option.

§ 4. — ENSEIGNEMENT DES LANGUES VIVANTES ET DU DESSIN

15° (37°). L'enseignement des langues vivantes sera, dans le premier cycle, essentiellement pratique. On y consacrera le temps nécessaire pour que les élèves soient en état de lire, d'écrire et, autant que possible, de parler la langue usuelle.

Les élèves seront répartis en cours, d'après leur force.

Il sera institué, avec le concours des villes et des Chambres de commerce, des bourses de séjour à l'étranger.

16° (38°) L'enseignement du dessin sera également donné dans des cours gradués. Il lui sera attribué un plus grand nombre d'heures et une sanction dans les examens.

§5: — EXAMENS DE FIN D'ÉTUDES

(17°) Il y aura, à la fin du premier cycle, un examen à la suite duquel sera délivré un certificat d'études secondaires classiques ou modernes (1er degré).

Cet examen sera subi devant un jury composé de professeurs ou anciens professeurs de l'enseignement secondaire et présidé par un professeur de l'enseignement supérieur.

(18°) Les divers baccalauréats seront remplacés par un diplôme d'études secondaires supérieures qui sera délivré après le deuxième cycle des études secondaires classiques ou modernes.

(19°) L'examen portera sur un ensemble de matières communes à tous les candidats et sur des matières à option.

(20°) Des règlements détermineront parmi les matières à option celles qui sont obligatoires pour l'entrée dans les diverses Facultés.

(21°) Les langues anciennes continueront d'être exigées pour l'entrée à la Faculté de droit et à la Faculté de médecine (1).

(22°) Le diplôme mentionnera les matières à

____

(1) Résolution prise à la majorité d'une voix;

option sur lesquelles le candidat aura répondu d'une manière satisfaisante et les Facultés dont l'entrée lui est ouverte.

Les candidats à qui leur diplôme ne donne pas l'accès à telle ou telle Faculté pourront passer un examen complémentaire.

(23°) Les examens pour l'obtention du diplôme d'études secondaires supérieures seront passés devant un jury composé de professeurs des Facultés des lettres et des sciences, auxquels seront adjoints des professeurs ou anciens professeurs agrégés de l'enseignement secondaire, à condition qu'ils ne forment pas la majorité et qu'ils n'examinent pas leurs propres élèves.

(24°) Les doyens ou professeurs des Facultés seront chargés par le Ministre d'inspecter de temps en temps les établissements publics et libres, pour s'assurer du niveau de l'enseignement et de la valeur des livrets scolaires.

V

CONCLUSION

Nous avons examiné l'œuvre de la Commission d'enquête ; *c'est au Parlement qu'il appartient, et il n'appartient qu'à lui,* de donner force de loi aux solutions qu'elle propose. Jusqu'ici toutes les réformes entreprises ont avorté. Il importe d'éviter un nouvel avortement. C'est pourquoi la réforme de l'enseignement secondaire doit être votée — principes et traits essentiels — par le Parlement, car l'Université est, comme tous les grands corps, incapable de se réformer elle-même (1). » Le problème pédagogique, on ne saurait trop le répéter, est un problème d'ordre social. Il s'agit des grands intérêts nationaux (intérêts intellectuels et économiques). Qui donc en a la charge, sinon les réprésentants responsables de la nation ? Que le Parle-

(1) Foncin.

ment n'abdique donc pas ses pouvoirs — et ses devoirs — et qu'il veille à ce que ses décisions soient fidèlement obéies. La réforme une fois votée, que l'expérience soit partielle ou générale, le point essentiel est qu'elle soit dirigée par un personnel convaincu de son excellence. « Quand on confie l'expérimentation d'un système à des hommes qui lui sont hostiles ou ne l'acceptent qu'avec scepticisme, on est sûr d'avance du résultat (1). »

S'il en devait être ainsi, mieux vaudrait cent fois conserver le *statu quo*. On s'éviterait la peine d'une agitation stérile, donc nuisible.

L'exemple de l'Allemagne est à méditer. Le magnifique essor scientifique et économique (2) de ce pays n'est-il pas dû en grande partie à l'organisation de son enseignement secondaire. Cette organisation s'est faite contre les universités jalousement fidèles aux vieilles disciplines humanistes et hostiles à toute culture *réale* ou moderne. La pression des intérêts nationaux a définitivement vaincu ces résistances. On vu que Guillaume II vient d'achever la réforme commencée par Frédéric II.

Le Parlement français se trouve en face du même problème : il saura indiquer les solutions nécessaires. Il peut être assuré d'avance que l'Université n'opposera à l'exécution des réformes, une fois décidées ni résistance, ni inertie. Il sait, par les dépositions

____

(1) Foncin.
(2) Tout le monde a pu s'en rendre compte à l'Exposition universelle.

faites devant la Commission d'enquête, qu'un très grand nombre d'universitaires, des plus humbles aux plus éminents, sont franchement acquis à ces réformes ; et que les autres, fussent-ils aujourd'hui hostiles, demain se soumettront de bonne foi aux volontés de la nation. Ainsi, le loyalisme de ceux-ci et la conviction de ceux-là, la bonne volonté de tous concourront à la rénovation féconde de notre enseignement secondaire. La démocratie française ne sera pas moins favorisée que la démocratie allemande. Elle réclame, et elle obtiendra, l'instrument nécessaire de son développement intellectuel et économique ; un enseignement secondaire respectueux du passé, mais conscient du présent et tourné vers l'avenir ; fidèle au culte des lettres anciennes, mais ouvert aux lettres modernes : littéraire, mais en même temps tout imprégné d'esprit scientifique ; théorique, général et désintéressé, mais utilitaire aussi et pratique ; épris d'idéal, mais non dédaigneux du réel, orienté à la fois vers la spéculation et vers l'action ; capable enfin de susciter et de développer toutes les énergies ; en un mot pleinement et largement humain.

FIN

INDEX ALPHABÉTIQUE

DES CITATIONS ET DES PRINCIPALES DÉPOSITIONS
DEVANT LA
COMMISSION D'ENQUÊTE PARLEMENTAIRE

TABLE DES MATIÈRES

INTRODUCTION

I

Plans d'études. — Programmes.

I

IV

Plans d'études. — Programmes.

V

EMILE COLIN, IMPRIMERIE DE LAGNY (S.-ET-M.)

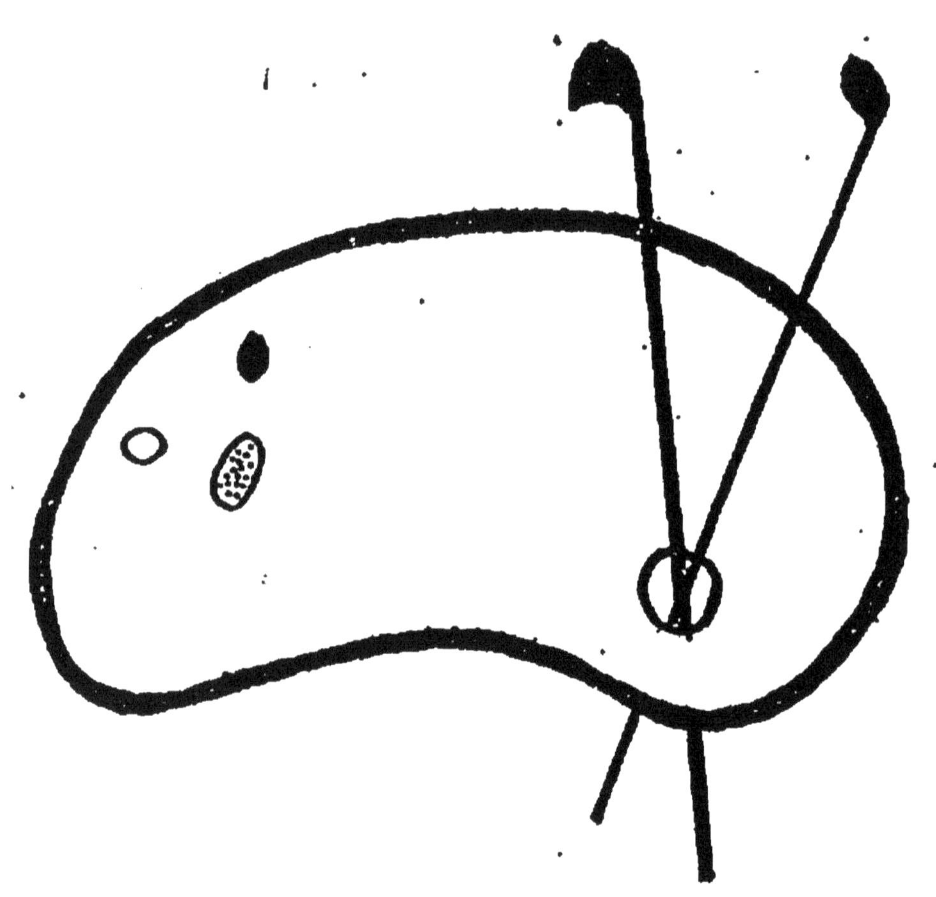

ORIGINAL EN COULEUR
N° Z 43-120-8